# LE *YI KING* POUR VOTRE AVENIR

Ce livre ne peut être vendu séparément du coffret



ISBN du coffret : 978-2-7339-1578-3

Suivi éditorial : Mathilde Rivalin & Stéphanie Del Regno
Correction : Violaine Clément
Graphisme de la couverture : Maxime Copija
Maquette : Lucie Bégat
Illustrations pages 43 à 45 : Lucie Bégat
Imprimé en Chine par Toppan

Groupe Piktos
355 rue de la Montagne Noire
31750 Escalquens
www.grancher.com

Agnès Matz

# Le *Yi King* pour votre avenir

Grancher
Éditions

# SOMMAIRE

## INTRODUCTION



CHAPITRE 1

## DÉCOUVRIR LE *YI KING*



CHAPITRE 2

## CONSULTER ET INTERPRÉTER LE *YI KING* : DEUX TIRAGES

CHAPITRE 3

## LES HEXAGRAMMES INTERPRÉTÉS

## ANNEXES



## BIBLIOGRAPHIE

# INTRODUCTION

Le *Yi King*, ou *Yi Jing (Livre des mutations)*, est considéré comme le plus vieux livre de l'humanité. Lao Tseu, contemporain de Confucius et de Buddha, s'en est inspiré directement pour fonder le *Tao Te King*, ou *Livre de la Voie et de la Vertu.* Joyau de la pensée chinoise, il traite des états du monde et de leurs changements, et permet à chacun de se repérer dans une réalité en constante transformation.
*Yi King* peut se traduire par « classique des changements » ou « traité canonique des mutations ».

Utilisé à l'origine en tant qu'oracle, le livre repose sur un dispositif de signes binaires : traits continus de valeur impaire pour le Yang, traits brisés de valeur paire pour le Yin. Il apparaît comme l'épure d'un univers formé et continuellement transformé par des forces, reliant ainsi métaphysique et mathématiques binaires.

Il s'agit d'un ouvrage ésotérique, pragmatique et philosophique, non dénué d'une dimension poétique et naturaliste. Sa lecture suppose donc la compréhension d'un système de signes et de symboles ordonnés et déjà interprétés.

Par conséquent, le consultant qui l'interroge admet une permanence et une universalité des préoccupations humaines au travers des siècles et des civilisations. Il s'approprie et réinterprète le texte à l'aune de sa question, de l'énergie et des formes de l'instant, de ce qu'il est lui-même dans le moment présent, du mouvement qui l'anime et du champ dans lequel il s'inscrit avec le thérapeute ou le praticien, si le cadre de la séance est celui d'une consultation.

Le *Yi King* est constitué de 64 situations types représentées par des hexagrammes. Chacune de ces situations types porte un nom – verbe d'action ou substantif selon le traducteur[1] – et est accompagnée d'un court texte indiquant la meilleure stratégie à adopter dans la situation qui nous préoccupe. Au travers des multiples rapports qui sont tissés entre ces 64 situations types, leurs 384 traits et les 4 096 mutations possibles, le *Yi King* est un outil d'analyse et un guide d'action très subtil, que votre questionnement porte sur des décisions contingentes ou essentielles. Au moment du choix, de la décision, le *Yi King* prodigue un conseil, une indication pertinente sur l'attitude optimale dans les circonstances particulières du moment.

La dynamique des 64 hexagrammes et la puissance évocatrice du texte constituent donc le socle d'une variabilité infinie de réponses pour les questions des consultants, aussi diverses soient-elles. Après une présentation complète du *Yi King* (1er chapitre) qui vous permettra de vous imprégner de son esprit et de sa logique, je vous propose, dans ce livre, deux tirages (2e chapitre) :

✦ le premier, qui correspond au tirage classique, est le plus connu. Il s'agit du « tirage de l'initié », qui vous fait entrer au cœur de la pratique du *Yi King*. Il nécessite le calcul préalable de l'hexagramme-réponse, dit « de situation ». Le calcul le plus simple et le plus rapide se fera à l'aide des trois sapèques (anciennes pièces de monnaie chinoise) que vous trouverez dans ce coffret. Les consultants qui souhaitent adopter un rituel plus méditatif utiliseront des baguettes d'achillée qu'ils se procureront facilement en ligne ou dans une boutique ésotérique. Ces deux modes de calculs sont expliqués pas-à-pas et illustrés ;

✦ le deuxième tirage est un développement du tirage classique. Le calcul se fait de la même manière, dans le respect de la tradition, mais l'interprétation – beaucoup plus poussée – délivre des réponses détaillées

1. « Se redresser », « s'entendre avec tous », « la dissolution »…

à vos questionnements : enjeux, mise en garde, délais, etc. Je l'ai appelé « tirage du maître ».

Vous trouverez enfin dans cet ouvrage une interprétation complète de chaque hexagramme (3e chapitre) avec son sens général, et applicable à toute question, et sa déclinaison possible : sentimentale, professionnelle ou matérielle. Par ailleurs, une carte reprenant le tableau des combinaisons de trigrammes donnant les hexagrammes est incluse dans ce coffret.

Chapitre 1

# Découvrir le *Yi King*

## À L'ORIGINE : LES SHANG, PEUPLE ANIMISTE DE L'ÂGE DE BRONZE

Au deuxième millénaire av. J.-C., les Shang, peuple animiste venu d'Asie centrale, envahissent la Chine. Adeptes des cultes chamaniques, ils sont persuadés que toute entité naturelle, vivante ou non vivante, possède une âme. Ainsi vénèrent-ils la montagne, la brume, le feu, etc. Avant toute entreprise, ils offrent des sacrifices aux « invisibles », défunts ou esprits de la nature, pour s'attirer leurs bonnes grâces et obtenir leur consentement.

Puis, de pratiques magico-religieuses, ces guerriers cheminent vers des pratiques de divination. Pour ce faire, ils lisent les fissures présentes sur les résidus osseux des feux sacrificiels. Celles-ci sont interprétées comme étant un retour « informatif » des entités. Autrement dit, ce sont des réponses aux questions qu'ils se posent : ils cherchent le signe de l'approbation d'une bataille ou d'une chasse, ou l'augure d'un échec... Petit à petit, ces hommes de l'âge de bronze chinois font évoluer cette méthode d'interrogation en la systématisant. Ainsi, ce ne sont plus les fissures sur les os, vestiges des offrandes, qu'ils vont lire, mais les craquelures sur les carapaces ventrales des tortues, carapaces auxquelles ils auront appliqué des tisons. C'est une crue du fleuve Jaune, au siècle dernier, qui mit à jour une véritable bibliothèque de carapaces fissurées et annotées, et révéla la création ancienne d'une forme de « répertoire » oraculaire organisé, dans lequel on retrouve littéralement des phrases du *Yi King* !

Au fil du temps, le système de brûlage ponctuel a donc été abandonné au profit de la consultation de ce registre : il suffisait de retrouver, selon un procédé aléatoire basé sur la méthode des tiges d'achillée (que nous exposerons plus loin), la carapace correspondant à la configuration énergétique souhaitée et de s'y référer.

> *Si des configurations identiques peuvent répondre à des interrogations différentes, c'est que le temps ne fait pas que se dérouler inexorablement, mais qu'en plus il se boucle sur lui-même. De cette conclusion qui semblait naturelle à un peuple d'agriculteurs sédentaires habitués à la ronde saisonnière, les devins Shang allaient tirer une conséquence déterminante : envisager des situations types*[2] *[…].*

Ultérieurement, le système fut rendu plus accessible grâce à la retranscription des caractères figurant sur les carapaces sur des supports plus maniables. Signalons au passage que la naissance de l'écriture sous forme d'idéogrammes accompagne la naissance du *Yi King*.

Tel qu'il se présente à nous aujourd'hui, le texte a été maintes fois remis sur l'ouvrage, amendé, complété, ciselé, poli, actualisé, par des auteurs successifs. C'est cependant durant la dynastie des Zhou que le *Yi King* prendra globalement sa forme actuelle : celle d'un texte réparti en 64 courts chapitres, avec des commentaires canoniques organisés en dix sections. La « légende dorée » du *Yi King* lui accorde quatre créateurs fondamentaux, héros de l'histoire chinoise.

## FU XI, LES CINQ ÉLÉMENTS, LES HUIT TRIGRAMMES ET LE CIEL ANTÉRIEUR

Fu Xi est le mythique fondateur de la civilisation chinoise et des quatre piliers sur lesquels elle repose : l'écriture, les rites, la cuisine et le *Yi King*. Après avoir scruté le ciel et la terre, observé les variations de ce qui constitue la « nature », Fu Xi et Nuwa, sa sœur-épouse, auraient établi les principes du mariage, déterminé les mutations des cinq éléments

2. Cyrille Javary, *Le Discours de la tortue : découvrir la pensée chinoise au fil du Yi Jing*, Albin Michel, 2003. (*Jing* est aussi retranscrit phonétiquement par *King* en français.)

fondamentaux de la nature (Métal, Bois, Eau, Feu, Terre) et créé les lois morales et le diagramme des huit trigrammes *(bagua)*.

## Les cinq éléments ou wu xing

L'univers et tout être humain comportent cinq éléments fondamentaux reliés entre eux par un cycle de trois sens :

✦ A – *production :* le Feu nourrit la Terre qui nourrit le Métal qui nourrit l'Eau qui nourrit le Bois qui, à son tour, nourrit le Feu pour fermer le cercle ;

✦ B – *épuisement :* à l'inverse, chacun des éléments épuise son précédent. Le Feu épuise le Bois qui épuise l'Eau qui épuise le Métal qui épuise la Terre qui épuise le Feu ;

✦ C – *destruction :* le Feu détruit le Métal qui détruit le Bois qui détruit la Terre qui détruit l'Eau qui détruit le Feu.

Chaque élément est représenté par une couleur, une direction et une polarité Yin ou Yang

Le Feu *(huo)* représente la chaleur, l'agilité intellectuelle, le magnétisme, le charisme, l'enthousiasme, l'impulsivité, l'agressivité. Le Feu de la cheminée et du four est Yang. Il réchauffe la maison et permet de travailler. La flamme de la bougie est Yin, elle éclaire. Le trigramme qui le représente est le trigramme *li* (ce qui s'attache) symbolisant la force, la brillance, l'illumination… mais rempli d'un cœur tendre et faible. Il correspond au méridien du cœur. Les couleurs de l'élément Feu sont chaudes : rouge, cramoisi, écarlate, orange, violet foncé et rose.

L'Eau *(shui)* est l'opposée du Feu. Elle symbolise la communication, le voyage, le déplacement, les émotions et la spiritualité. C'est un élément introverti mais dangereux, car l'Eau peut jaillir sans prévenir. L'Eau Yang est la cascade, le fleuve ou la rivière après une forte pluie. L'eau Yin est l'étang, le filet d'eau calme, les eaux stagnantes. Le trigramme qui représente l'Eau est *kan,* l'insondable : il symbolise, tout à l'opposé de *li* pour le Feu, la faiblesse apparente et la dureté intérieure. Il correspond au méridien du rein. Ce trigramme symbolise la survenue d'un danger. À son image, les couleurs de l'élément Eau sont le bleu profond et le noir.

La Terre *(tu)* est un élément stable qui aime la tradition. La Terre Yang est le rocher, le bloc minéral, alors que la Terre Yin est le sable, le sol fertilisé, les petits cailloux. Le trigramme *kun,* le réceptif, le représente : il symbolise la mère, la maternité, la douceur féminine, la réceptivité. Le méridien qui lui est associé est celui de la rate. Les couleurs de l'élément Terre sont le brun et le terre cuite.

Le Métal *(jin)* est un élément qui se bat. Il est lié aux richesses et à l'agressivité. Le Métal de l'arme ou de l'outil est Yang, tandis que le Métal Yin est celui du bijou ou de la pièce de monnaie. Lorsqu'il est représenté par le trigramme *qian,* le créateur, il est Yang : c'est le trigramme du père, dur, autoritaire, persévérant et stable. L'autre trigramme qui le représente est Yin et s'appelle *dui,* le joyeux. Le méridien qui lui est associé est celui du poumon. Les couleurs de l'élément Métal sont les couleurs métalliques comme l'or et l'argent, ainsi que les tons pastel et les couleurs claires comme le blanc et le gris.

Le Bois *(mu)* est relié à la créativité, à la création et à la parole : il a besoin de communiquer pour éliminer les tensions, sinon il explose de colère. Son énergie est celle de la croissance. Le Bois Yang est l'arbre puissant, le Bois Yin est le bambou. Les trigrammes qui le symbolisent sont *xuan,* le doux, indécis comme l'herbe balancée au gré des vents et pénétrant, et *chen*, l'éveilleur, véhément comme l'arbre fort qui résiste aux vents, prêt à jaillir et à s'élancer vers le ciel comme un dragon. Il est associé au méridien du foie. Les couleurs de l'élément Bois sont le vert et le turquoise.

On attribue à Fu Xi la disposition du ciel antérieur qui symbolise l'harmonie parfaite, soit le *bagua* d'avant l'apparition de la vie. Il s'attache aux relations entre les manifestations des forces de la nature : la terre, la montagne, l'eau, le vent, le tonnerre, le feu, le lac, le ciel. Dans chaque paire de trigrammes, les traits Yin (brisés) et Yang (pleins) se complètent à chaque niveau. Chaque énergie est équilibrée par son complémentaire. Cet agencement est par essence une image idéale, statique : il ne génère donc pas de transformations.

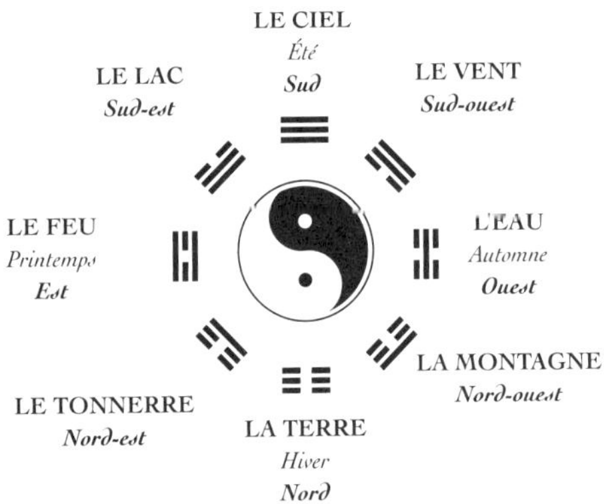


*Bagua du ciel antérieur*

## WEN WANG, LES 64 HEXAGRAMMES ET LE CIEL POSTÉRIEUR

Fondateur de la dynastie des Zhou, le roi Wen (ou Wen Wang) vécut aux environs du xie siècle av. J.-C. Emprisonné par son rival le tyrannique Di Xin, il médita dans sa cellule sur la signification profonde des huit trigrammes du *bagua* du ciel antérieur et les agença pour créer les 64 hexagrammes que nous connaissons. Plaçant en première position l'hexagramme du pouvoir créateur, il leur attribua de brefs jugements. Son fils Wu, parvint à rassembler une armée, à le libérer et à le faire monter sur le trône (dynastie des Zhou). *Zhou Yi,* « changements des Zhou », est d'ailleurs l'autre nom du *Yi King.*

On attribue à Wen Wang la disposition du ciel postérieur. Pour chaque paire de trigrammes en opposition sur un axe, les traits Yin et Yang ne se répondent plus de manière symétrique. Le bagua du ciel postérieur, dit « *bagua* postnatal », représente ce qui se passe après l'apparition de la vie. Dans ce *bagua,* les huit trigrammes sont disposés selon un ordre calendérique qui correspond au mouvement circulaire du temps : cycle des saisons, cycle diurne/nocturne. Cet ordre symbolise la transformation cyclique du Yin et du Yang, et démarre sa course par *chen* (le tonnerre), à l'est et avec le printemps. Le passage d'un ordre à un autre se produit grâce à la « clé de Min Tou Men Fou », du nom d'un érudit chinois réfugié au Tibet après la révolution culturelle : « Le roi se rend au nord-ouest. La reine se rend au sud-ouest. Le nouveau sud va au nord-est. Le nouveau nord va au sud-est. » Les axes de la croix finale échangent leurs positions, ce qui donne, en partant de l'ordre de Fu Xi :

- le ciel se rend au nord-ouest ;
- la terre se rend au sud-ouest ;
- la montagne va au nord-est ;

- le vent va au sud-est ;
- le lac et la foudre échangent contre le feu et l'eau.

*Bagua du ciel postérieur ou agencement du roi Wen*

## ZHOU GONG, DUC DE ZHOU, ET LE TEXTE DES TRAITS

Le second fils de Wen, homme de lettres et philosophe, a complété le texte. Pour l'éducation de son neveu, il rédigea des explications détaillées des 64 chapitres. Connues sous le nom de « texte des traits », elles forment avec le « texte du Jugement » le texte canonique. Homme sage, Zhou Gong influencera durablement la pensée chinoise.

## CONFUCIUS ET LES DIX AILES

Cinq siècles plus tard, très influencé par la pensée du duc de Zhou, Confucius développera l'œuvre de ces prédécesseurs. Professeur, ministre, philosophe humaniste, il axe son enseignement sur le souci des autres et la discipline de soi. On lui attribue un ensemble de commentaires du *Yi King* : les *Dix Ailes*. L'apport de Confucius repose sur des règles de moralisation des relations sociales visant un vivre-ensemble harmonieux.

Ainsi naquit le *Classique des changements (Yi King* ou *Yi Jing)* parmi les cinq classiques *(Wu Jing)*[3]. Le premier sens de *Jing* est celui de la « chaîne d'un tissu ». La règle immuable du tissage fait que les fils de chaîne et de trame s'entrecroisent régulièrement, et c'est le sens des règles constantes selon lesquelles agir, formulées dans le texte canonique.

***Yi*** **:** « facile », « simple », « paisible », « échanger », « changer ».

***Jing*** **:** « chaîne d'un tissu », « méridien », « vaisseaux d'un corps ».

## LE *YI KING*, DÉCLINAISON DU YING YANG

Partant d'une forme d'opposition complémentaire entre les principes Yin et Yang, et déclinant cette dualité de façon systématique, le *Yi King* se présente sous la forme de 64 figures qui recouvrent l'ensemble des transformations potentielles.

Edgar Morin, théoricien de la complexité, décrit la dialectique du Yin-Yang qui l'anime[4] :

> *Le* Yi King *(ou* Livre des transformations de l'archaïque magie chinoise*) apporte l'image la plus exemplaire de l'identité du Génésique et du Génétique. La boucle circulaire est un cercle cosmogonique symboliquement tourbillonnaire par le S intérieur qui à la fois sépare et unit le Yin et le Yang. La figure se forme non à partir du centre, mais de la périphérie, et naît de la rencontre de mouvements de*

3. Les cinq classiques sont les suivants : *Livre des histoires, Classique des rites, Classique des odes, Classique des changements, Annales du royaume de Lu.*

4. Edgar Morin, *La Méthode, t. 1, La Nature de la nature*, Seuil, 2003, p. 228.

*directions opposées. Le Yin et le Yang sont intimement épousés l'un dans l'autre, mais différents, ils sont à la fois complémentaires, concurrents, antagonistes. La figure essentielle du* Yi King *est par conséquent une figure d'ordre, d'harmonie, mais portant en elle l'idée tourbillonnaire et le principe d'antagonisme. C'est une figure de complexité.*

*Tàijítú : symbole du Yin-Yang*

Le *tàijítú* figure les relations du Yin et du Yang, qui sont des relations d'engendrement et de mutation l'un de l'autre, d'interdépendance, d'opposition. Le Yin (point noir) se trouve dans le Yang, et réciproquement. Le Yin-Yang correspond à une temporalité circulaire. Ying et Yang sont intriqués. L'un n'existe que par l'existence de l'autre.

| Essentiellement Yin | Essentiellement Yang |
|---|---|
| Noir | Blanc |
| Sombre | Clair |
| Nuit | Jour |
| Lune | Soleil |
| Hiver | Été |
| Nord | Sud |
| Droite | Gauche |
| Terre | Ciel |
| Femme | Homme |
| Vide | Plein |
| Introversion | Extraversion |
| Passif | Actif |
| Pair | Impair |

## FORMATION DES TRIGRAMMES

Au début est le tao : innommable, éternel, infini… on ne peut rien en dire. Sa toute première manifestation est le *tàijí* qui correspond à l'unité. Ensuite naissent le Yin et le Yang, les deux emblèmes que le *Yi King* représente par un trait continu pour le Yang et un trait brisé pour le Yin. En ajoutant un trait au-dessus des monogrammes de base, on obtient les bigrammes : les quatre images. Si on renouvelle l'opération, on obtient les huit trigrammes.

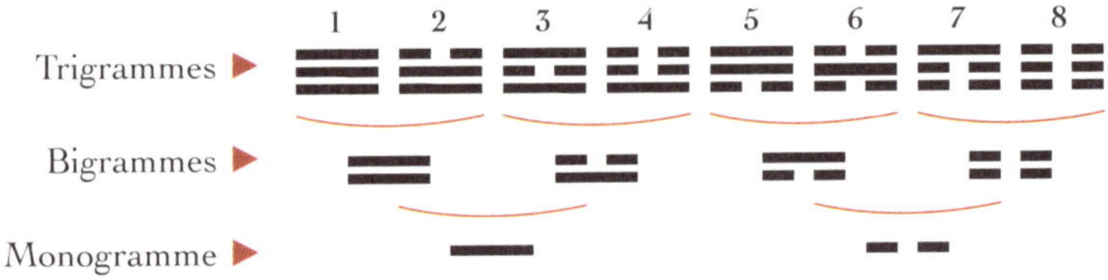


*Formation des trigrammes (la lecture se fait de bas en haut)*

Les trigrammes sont, par paire, les constituants des 64 hexagrammes. Il est donc important de bien assimiler leurs correspondances. J'en propose ci-après une présentation classique enrichie par l'actualisation de Cyrille Javary. Il s'agit d'un parti pris, puisque selon les ouvrages et les auteurs consultés, vous devrez « jongler » entre plusieurs traductions et interprétations.

| Trigrammes | Hexagrammes de référence | Place dans la génération | Images | Nature | Significations en tant que forces (d'après Cyrille Javary, 2003) |
|---|---|---|---|---|---|
| **K'ien/***qian* ☰ | **1.** Le créateur | Le père | Le ciel | Yang | *Créer, initialiser, conduire, élan créatif, énergie, vigueur, convergence,* |
| **K'ouen/***kun* ☷ | **2.** Le réceptif | La mère | La Terre | Yin | *Nourrir, mener à terme, élan réceptif, suivre, endurance, laisser aller, douceur, échelonnement* |
| **Zhen/***chen* ☳ | **51.** L'éveilleur, l'ébranlement, le tonnerre | Le fils aîné | Le tonnerre | Yang | *Stimuler, tenir, lutter contre l'inertie, impulser, canaliser l'émotion, impulsivité* |
| **K'an/***kan* ☵ | **29.** L'insondable, l'Eau | Le 2e fils | L'Eau/le ravin | Yang | *Vaincre sa peur du noir, être solide, courage, prendre appui sur le vide, vertige* |

| Trigrammes | Hexagrammes de référence | Place dans la génération | Images | Nature | Significations en tant que forces (d'après Cyrille Javary, 2003) |
|---|---|---|---|---|---|
| **Ken/***gen* ☶ | **52.** L'immobilisation, la montagne | Le plus jeune fils | La montagne | Yang | *Stabiliser, calmer, lutter contre l'emportement, réagir, passer à autre chose, rigidité* |
| **Souen/***xuan* ☴ | **57.** Le doux | La fille aînée | Le vent/ le bois, la racine | Yin | *Être modelé par la situation, s'effacer pour parvenir, patience, hésitation* |
| Li ☲ | 30. Ce qui s'attache, le feu | La 2e fille | Le Feu | Yin | *S'astreindre à y voir clair, être lucide, adhérence, cohérence,* |
| Touei/*dui* ☱ | 58. Le serein, le joyeux | La plus jeune fille | Le lac/la brume | Yin | *Communiquer, être joyeux de toute façon, élégance, gaieté amicale, échange à cœur ouvert* |

*Sens des trigrammes*

## FORMATION DES HEXAGRAMMES

En superposant les trigrammes deux par deux, on obtient les 64 hexagrammes. Ceux-ci représentent la multiplicité de la manifestation. Le *Yi King* établit leur enchaînement et les commente.
Le trigramme inférieur décrit le yin, la Terre, le bas, la profondeur, la base, l'origine, la cause, l'essentiel, le tronc, l'hôte, l'intérieur, l'arrière, la droite ; le supérieur décrit le yang, le ciel, le haut, la surface, l'apparence, le secondaire, le but, l'effet, la branche, l'invité, l'extérieur, l'expression, l'aspect, le devant, la gauche[5].
La structure du texte est, par conséquent, à la fois :

- particulièrement simple avec huit éléments de base, les trigrammes ;
- complexe avec 64 hexagrammes constitués chacun de deux trigrammes, soit de six traits ou variantes.

Ainsi, le *Yi King* rend compte, de manière très subtile, d'une configuration énergétique offrant 4 096 combinaisons/réponses possibles ! Sur cette structure dynamique se greffent les particularités de l'écriture et de la langue chinoise. Jeux de mots, doubles sens, évocations implicites, références culturelles et historiques, confèrent au livre une grande richesse… et multiplient les obstacles à la compréhension.
On trouve d'ailleurs dans le maniement de la langue de nombreuses similitudes avec le langage hypnotique, à la fois générateur de la confusion qui fait barrage au raisonnement logique du cerveau gauche et porteur d'une puissance évocatrice qui ouvre le champ des possibles et incite au changement. Pour qui pratique l'hypnose ericksonienne, le lien s'opère d'emblée.

---

5. Henning Strøm, *Significations des noms des 64 hexagrammes du Yi Jing*, éd. You Feng, 2011.

## ORDRE DES HEXAGRAMMES (SELON LES TRADUCTIONS DE WILHLEM & PERROT)

En 1924, Richard Wilhelm, sinologue allemand, livre à son public l'ouvrage majeur qu'est le *Livre des transformations*. Etienne Perrot le traduira en 1967 en français.

| | | | | | |
|---|---|---|---|---|---|
| 1 | Le créateur | 2 | Le réceptif | 3 | La difficulté initiale |
| 4 | La folie juvénile | 5 | L'attente | 6 | Le conflit |
| 7 | L'armée | 8 | La solidarité | 9 | Le pouvoir d'apprivoisement du petit |
| 10 | La marche | 11 | La paix | 12 | La stagnation |
| 13 | La communauté avec les hommes | 14 | Le grand avoir | 15 | L'humilité |
| 16 | L'enthousiasme | 17 | La suite | 18 | Le travail sur ce qui est corrompu |
| 19 | L'approche | 20 | La contemplation | 21 | Mordre au travers |
| 22 | La grâce | 23 | L'éclatement | 24 | Le retour |
| 25 | L'innocence | 26 | Le pouvoir d'apprivoisement du grand | 27 | Les commissures des lèvres |
| 28 | La prépondérance du grand | 29 | L'insondable, l'Eau | 30 | Ce qui s'attache, le Feu |

| | | | | | |
|---|---|---|---|---|---|
| 31 | L'influence | 32 | La durée | 33 | La retraite |
| 34 | La puissance du grand | 35 | Le progrès | 36 | L'obscurcissement de la lumière |
| 37 | La famille, le clan | 38 | L'opposition | 39 | L'obstacle |
| 40 | La libération | 41 | La diminution | 42 | L'augmentation |
| 43 | La percée, la résolution | 44 | Venir à la rencontre | 45 | Le rassemblement |
| 46 | La poussée vers le haut | 47 | L'accablement | 48 | Le puits |
| 49 | La révolution | 50 | Le chaudron | 51 | L'éveilleur, l'ébranleur, le tonnerre |
| 52 | L'immobilisation, la montagne | 53 | Le développement, le progrès graduel | 54 | L'épousée |
| 55 | L'abondance, la plénitude | 56 | Le voyageur | 57 | Le doux, le pénétrant |
| 58 | Le joyeux, le serein, le lac | 59 | La dissolution | 60 | La limitation |
| 61 | La vérité intérieure | 62 | La prépondérance du petit | 63 | Après l'accomplissement |
| 64 | Avant l'accomplissement | | | | |

Lorsque l'on s'attache à une vision d'ensemble du *Yi King*, on peut observer que chaque hexagramme figure l'étape d'un chemin, un moment singulier dans le développement d'une situation où l'on médite pour élaborer la meilleure attitude à adopter selon le contexte. Ainsi :

| | | | |
|---|---|---|---|
| 3 | La difficulté initiale | ▶ | invite à définir un plan d'action, à persévérer. |
| 12 | La stagnation | ▶ | invite à attendre que les blocages se lèvent. |
| 34 | La puissance du grand | ▶ | invite à canaliser sa force. |
| 58 | Le joyeux | ▶ | invite à échanger dans l'harmonie, à être serein. |

## CARL JUNG, *YI KING* ET SYNCHRONICITÉS OU COÏNCIDENCES SIGNIFIANTES

Une étude récente montre que la clientèle des coachs est de plus en plus jeune. Cette génération qui grandit avec l'émergence quotidienne de nouvelles applications se construit en tentant d'éradiquer la moindre incertitude ou le moindre risque, en veillant toujours à éliminer ce qu'elle considère comme une perte de temps. Elle se prive par la même de la moindre occasion de se créer de nouvelles chances… Dans le monde contemporain, de plus en plus complexe et incertain, le *Yi King* peut apparaître d'un grand secours : il peut non seulement accompagner la prise de décision et rassurer, mais aussi aider à apprivoiser l'incertitude et le vide pour s'en faire des alliés.

Selon Carl Jung (1875-1961), toute personne en questionnement est portée par l'infinie potentialité créatrice de l'inconscient collectif. Les symboles prennent alors la forme d'images tant culturelles que spirituelles. Ce psychanalyste a donc introduit dans sa méthode des éléments puisés dans des champs de connaissance très divers : l'alchimie, l'anthropologie, l'étude des rêves, la mythologie, la religion. À ce titre, il a tourné naturellement son regard vers le *Yi King* qui est devenu un point d'appui majeur de sa réflexion. C'est en 1928 que Richard Wilhelm, missionnaire protestant et traducteur du *Yi King*, lui adresse un manuel taoïste pour commentaires. Voici ce que rapporte Jung, au crépuscule de sa vie, à propos de cette découverte : « Je dévorai aussitôt le manuscrit, car ce texte m'apportait une confirmation insoupçonnée en ce qui concerne le mandala et la déambulation autour du centre. Ce fut le premier événement qui vint percer ma solitude. Je sentais là une parenté à laquelle je pouvais me rattacher[6]. »

*Sa préface à la version anglaise du* Yi King, *en 1949, lui donne l'occasion de développer son concept de synchronicité, à l'opposé du principe de causalité et donc du modèle déterministe.*
*En d'autres termes, l'inventeur du* Yi King, *quel qu'il ait pu être, était convaincu que l'hexagramme obtenu à un certain moment coïncidait avec ce dernier, en qualité aussi bien que chronologiquement… La synchronicité prend la coïncidence des événements dans l'espace et le temps comme signifiant plus qu'un pur hasard, à savoir une interdépendance particulière d'événements objectifs entre eux aussi bien qu'avec les états subjectifs (psychiques) de l'observateur ou des observateurs*[7].

Autrement dit, les synchronicités sont des événements, des signes reliés entre eux par des liens de sens. On ne peut par conséquent pas vraiment parler de « hasard ». Ce principe de synchronicité s'inscrit dans la pensée globale de Jung. Il faut le corréler au concept de l'*Unus mundus*, qui désigne

---

6. Carl Gustav Jung, *Ma vie : Souvenirs, rêves et pensées*, Gallimard, 1961.
7. Carl Gustav Jung, Commentaire sur *« Le Mystère de la fleur d'or »*, Albin Michel, 1994.

un monde présentant une unité et une interconnexion entre toute chose, et au concept du « savoir absolu » constitué par l'inconscient collectif des archétypes.
Le classement des synchronicités en trois catégories de coïncidences en est une illustration :

- la coïncidence d'un état psychique avec un événement extérieur géographiquement éloigné : Jung a vu en rêve la mort soudaine d'un ami vivant en Amérique, avec force détails, et il en reçoit la confirmation par télégramme le lendemain matin ;
- la coïncidence d'un état psychique avec un événement qui ne s'est pas encore produit, donc éloigné dans le temps : les « prémonitions » ;
- la coïncidence d'un état psychique avec un événement extérieur simultané. L'exemple nous est fourni par l'anecdote du scarabée : alors qu'il est en consultation avec une patiente très rationnelle qui lui relate un rêve dans lequel on lui offre un scarabée, un scarabée doré vient contre toute attente se cogner à la fenêtre du bureau de Jung. Qui ouvre la fenêtre, capture l'insecte et dit à sa patiente : « Le voilà, votre scarabée ! » La patiente, interloquée, a reçu une forme de choc qui lui a permis d'avancer dans son travail d'analyse.

Les hexagrammes sont au *Yi King* ce que sont les archétypes à la pensée jungienne : ils présentent l'un et l'autre une parenté dans la compréhension d'un monde dont la clé est l'intuition. Jung définit les archétypes comme des structures préformées de notre psychisme. Les hexagrammes, représentants intemporels et universels de l'expérience humaine, constituent, tout comme ces derniers, des schèmes fondamentaux.

Interroger le *Yi King* à l'aide de trois sapèques ou de quarante-neuf tiges d'achillée fait partie du moment observé et, de ce fait, la réponse offerte à la co-construction des protagonistes procède d'une coïncidence chargée de sens. Le *Yi King*, réhabilité aujourd'hui, a été longtemps rejeté parce que le recours à l'aléatoire dans son utilisation pratique heurte notre rationalité. Pour le confucéen, le recours à l'aléatoire est, au contraire, un moteur de l'évolution, un acte moral par excellence qui s'inscrit dans le flux du tao auquel il laisse libre cours. Solliciter le hasard, c'est donc se remettre dans le sens du flux vital : difficile pour nous, Occidentaux, qui avons besoin d'une preuve par la raison, la logique, l'argumentation ! La seule preuve qui vaille pour le Chinois est celle du résultat !

## L'INTUITION, AUXILIAIRE PRÉCIEUSE DE LA PRISE DE DÉCISION

Longtemps associée à la parapsychologie, l'intuition est désormais un domaine de recherche à part entière, et les récentes découvertes en neurosciences permettent de mieux comprendre les mécanismes intuitifs. Ceux-ci résulteraient de super capacités de notre cerveau qui est capable de stocker et traiter, en tâche de fond, nos souvenirs et nos pensées. Les trois-quarts de ces données sont inconscientes. Ces avancées scientifiques ouvrent des pistes intéressantes pour qui souhaite développer cette aptitude universelle que Jung décrivait comme une forme de communication subtile d'inconscient à inconscient « normale, naturelle et nécessaire ». Platon disait qu'elle constituait une « saisie immédiate de la vérité par l'âme ». Dans les philosophies orientales, l'intuition est une clé spirituelle favorisant l'accès à l'univers et aux connaissances fondamentales.

En fait, nous pouvons tous apprendre à utiliser notre conscience intuitive d'une manière qui dépasse la compréhension conventionnelle de l'espace et du temps. Et si personne ne peut nous certifier que suivre son intuition permet de prendre la bonne décision, le faire donne cependant l'assurance d'agir en accord avec nos expériences passées, nos valeurs, nos émotions. Selon Jung, « tandis que l'esprit occidental trie, pèse, choisit, classe, isole avec soin, le tableau chinois du moment embrasse tout, jusqu'au détail le plus mince et le plus dépourvu de sens, parce que le moment observé est fait de tous les ingrédients[8] ». Lorsqu'un objet est perçu par les sensations et reconnu par la pensée, l'intuition permet d'en extraire les « traits dénotant le passé et faisant pressentir l'avenir[9] ». Sa pratique le conduit à constater le parallélisme entre l'événement intérieur, psychique (le problème et la question), et l'événement extérieur (la réponse de l'oracle). Face aux coïncidences répétitives, ou synchronicités, il souligne : « Dans son foisonnement irrationnel, la vie m'a enseigné à ne rien rejeter, même de ce qui va à l'encontre de toutes nos théories[10] ».

Ainsi, alors que la pensée analytique accumule les arguments rationnels parfois contradictoires qui vous font « tourner en rond », l'intuition jaillit et vous aide à prendre une décision face à un problème, une situation qui vous semblait insoluble. En vous plaçant dans un état méditatif lors des tirages, comme nous le verrons plus loin, et en vous délivrant des messages laissant place à vos propres projections, c'est à ce jaillissement qu'invite le *Yi King*.

En précipitant le saut vers l'inconnu, l'intuition vous permet d'apaiser une tension ou de sortir d'une situation de crise.

Consulter le *Yi King*, c'est donc avant tout reconnaître l'existence d'une tension, savoir la mettre en mots pour mieux l'appréhender puis

---

8. *Ibid.*
9. Carl Gustav Jung, *L'Homme à la découverte de son âme*, Payot, 1977.
10. *Ibid.*

accueillir son intuition pour optimiser la transformation, et ce, dans un mouvement créatif.

Fruits des expériences passées, des inconscients personnel et collectif, les intuitions conjuguées du praticien et du consultant donnent instantanément accès à un répertoire de ressources médiatisées par le *Yi King*, qui constituent de véritables accélérateurs de solutions. Bien entendu, si vous interrogez pour vous-même le *Yi King* sans consulter de professionnel, c'est votre propre intuition qui sera au centre du processus, et je vous invite vivement à lui faire confiance !

Après cette découverte du *Livre des mutations* et des mécanismes à l'œuvre lors de sa consultation, je vous propose de vous en approprier la pratique pas à pas. Selon votre usage, vous allez en faire le compagnon qui vous correspondra le mieux.

## Chapitre 2

# Consulter et interpréter le *Yi King* : deux tirages

## QUAND CONSULTER LE *YI KING*?

Vous allez découvrir ci-dessous la méthode classique de tirage du *Yi King* par calcul. Vous pouvez, en fonction du degré de précision attendu et du temps dont vous disposez :

- effectuer ce tirage, la réponse obtenue sera déjà très explicite ;
- ou approfondir la réponse avec le tirage du maître (voir page 53).

Aujourd'hui, de nombreux psychanalystes jungiens, à la suite d'Élie Humbert, réintroduisent la notion grecque du *kairós* : moment opportun ou synchronicité mineure, sans concordance d'un événement extérieur[11]. Un mot « déjà dit et entendu » qui « ce jour-là et sur ce ton » fait un choc et provoque le changement ou une avancée psychique. Jean-Pierre Vernant et Marcel Détienne soulignent le lien étroit entre *kairós* et *mètis*, cette dernière se définissant comme une intelligence multiforme « qui combine le flair, la sagacité, la prévision, la souplesse d'esprit, la feinte, la débrouillardise, l'attention vigilante, le sens de l'opportunité et de l'expérience[12] ». Elle est « la compensation de l'art rationnel de la conjecture, dont les tenants estiment que le monde du mouvant, ambigu et multiple, n'est en quelque sorte que la promesse d'un progrès à venir[13]. » Ainsi, la *mètis* ou (plus trivialement) le flair permettrait de naviguer au sein d'un monde fluide, mouvant, et d'en saisir le *kairós*, moment favorable ou propice à l'action. Ce qui pourrait

---

11. Élie Georges Humbert, *Kaïros : le moment, différents vécus temporels de l'expérience du centre*, Cahiers de psychologie jungienne, 18, 1978.
12. Fabienne Neuquelman-Denis, *Fortunes du kairós*, Cahiers jungiens de psychanalyse, 146, 2017, p. 139-157.
13. Ibid.

se traduire chez Lao Tzeu (vie siècle avant J.C.) par les préceptes suivants :

*« ...attendre que la vase se dépose et que l'eau soit limpide, attendre que l'action voulue s'élève par elle-même, observer l'ordre naturel des choses et travailler avec lui plutôt que contre lui, car essayer de changer ce qui est ne pourra que faire surgir une résistance, aider ce qui vient tout seul...* [14]».

**Le *Yi King* est ce joyau de la pensée chinoise qui vous permet la centration sur la configuration du moment et la saisie des opportunités offertes par la situation à son stade actuel. Grâce à lui, vous vous resynchronisez avec le cours naturel de l'existence et des événements, et vous sortez de ruminations autocentrées, stériles et pénibles.**

## LE *YI KING* EN THÉRAPIE

Dès le début du siècle, Jung expérimente le *Yi King* avec ses patients et l'utilise régulièrement pour lui-même. À la fin de sa vie, il le consulte au quotidien, le considérant comme « un rêve expérimental » analysable comme tout rêve nocturne. Parce qu'il relance l'activité psychique dans un moment de pauvreté onirique, certains thérapeutes défendent l'intérêt du *Yi King*. À l'instar du rêve, l'hexagramme tiré et les perspectives qu'il propose permettent de poser un regard sur le contexte et le vécu du patient, regard qui sera travaillé dans ce moment particulier d'échange autour de l'hexagramme.

---

14. Lao Tzeu, *La voie et sa vertu : Tao-tê-king,* Seuil, 2004.

### Compagnon de route au quotidien

Bien entendu, le *Yi King* peut être aussi utilisé chez soi, quotidiennement ou non. Ce véritable « compagnon » invite à se poser face à une problématique personnelle. Il nécessite de savoir se détacher d'un événement, de faire abstraction de notre part d'ombre, de nos freins, de nos désirs, de nos projections… Il n'est pas simple de parvenir seul à un tel état de neutralité, et pour cette raison il est souvent nécessaire de recourir à une tierce personne.

### Aide à la décision

Le *Yi King*, par l'intermédiaire de ses 64 situations types et des 4 096 mutations qu'il envisage, est le reflet surprenant de situations quotidiennes et de leurs perpétuels changements. Quand il s'agit de prendre une décision importante, et ce, quel qu'en soit le domaine, il attire notre attention sur certains éléments de la situation et nous prodigue ses conseils. Il nous permet d'adopter la meilleure attitude dans le contexte particulier où nous sommes et de nous ajuster à celui-ci pour atteindre notre objectif.

## QUELQUES PROPOSITIONS POUR SE DÉTENDRE ET SE CONNECTER AFIN DE SE PRÉPARER AU TIRAGE

Détendez-vous, « à votre façon », pour vous mettre en situation d'accueil de la réponse. Si vous n'avez pas de méthode personnelle de relaxation rapide, voici deux exemples de ce que vous pouvez pratiquer.

### La respiration abdominale

Assis·e sur une chaise, placez vos mains sur le ventre. Puis inspirez trois secondes par le nez sans oublier de gonfler votre ventre. Retenez l'air pendant les trois secondes suivantes puis expirez lentement, prenez votre temps, en relâchant l'air par votre bouche pour laisser votre ventre revenir à la normale.

### La technique de l'ancrage

✦ Installez-vous dans un endroit sans sollicitations extérieures, utilisez votre mode habituel de lâcher-prise (faites par exemple quelques respirations abdominales).

✦ Assis·e ou debout, posez les pieds bien à plat sur le sol.

✦ Commencez par respirer quelques instants profondément puis imaginez que des racines sortent de vos pieds et s'enfoncent dans le sol. Vous êtes relié·e au sol, imaginez vos racines devenir de plus en plus grosses.

✦ Continuez à respirer profondément et visualisez à chaque respiration vos racines : elles s'enfoncent de plus en plus profondément vers le centre de la Terre. Ressentez à quel point vous êtes connecté·e avec la Terre. Une belle énergie remonte de la Terre par ces racines, ressentez cette énergie.

## TIRAGE DE L'INITIÉ ET TIRAGE DU MAÎTRE

### Poser la bonne question et l'écrire

Avant de tirer le *Yi King,* il faut poser une question et en soigner la formulation. **Celle-ci doit contenir un verbe d'action dont vous êtes le sujet.** Il est important d'énoncer clairement votre problème et d'en donner le plus de détails possible. Ceci aide à construire une question pertinente qui permettra, après tirage, d'élaborer une réponse cohérente. **S'attacher à poser la bonne question vous aide, en fait, à poser votre « vraie » question.** On peut dire qu'en allant à l'essentiel de votre préoccupation, vous vous mettez déjà « au travail », vous déblayez et tracez la voie vers une solution. Toute interrogation divinatoire du type « Vais-je obtenir cet emploi ? » est à exclure. Pour être acteur de votre questionnement, il vous faudra par exemple formuler ainsi : « Quelle attitude dois-je adopter pour obtenir cet emploi ? » Une fois la question clairement déterminée, il est important de l'écrire et de la dater. Vous passez ainsi une forme de contrat symbolique et ritualisé avec le *Yi King,* vous établissez avec lui une relation de confiance autour de questions précises, sincères et personnelles.

Au-delà de ce contrat, cette formalisation vous permettra de conserver, et je vous y encourage, une chronologie de vos questions, des hexagrammes tirés et des réponses obtenues (que vous aurez pris également soin de noter). Outre la mise en mémoire de votre cheminement personnel, vous serez heureux de pouvoir revenir sur vos tirages et de les confronter aux événements tels qu'ils se sont déployés en fonction de vos attitudes face à eux. Vous allez ainsi progressivement vous approprier totalement le sens que prennent les hexagrammes dans vos tirages et construire une relation personnelle avec cet « oracle » particulier.

## Calcul de l'hexagramme de situation par les baguettes ou les sapèques

C'est après une préparation consciente et avec l'intention de recevoir une réponse à la question qui vous préoccupe que vous tirez le *Yi King.* Car vous avez besoin d'un certain lâcher-prise et d'une vraie reliance avec le soi pour que se mette en place une boucle de rétroaction entre le moment présent, les résultats du tirage et ses effets sur vos décisions, et plus largement sur votre vie. En vous amenant à éliminer les filtres qui sclérosent votre pensée (représentations, savoirs réflexes, etc.), le *Yi King* vous ouvre à de nouveaux champs d'expériences. Il capte les devenirs possibles inscrits dans les 64 situations types. Dans son rapport avec le consultant, le *Yi King* constitue une zone extraordinaire de cocréation catalysée par l'intuition.

Les deux méthodes traditionnelles de tirage consistent à utiliser soit cinquante baguettes d'achillée soit trois sapèques.

La technique des baguettes requiert plus de temps (environ vingt minutes pour le calcul de l'hexagramme). Elle nécessite plus d'attention et de présence, mais a l'avantage de vous mettre dans un certain état de détachement et de méditation.

Vous pouvez également utiliser **les trois sapèques incluses dans ce coffret** (ou des pièces de monnaie ordinaires), dont la méthode est détaillée page 48.

Quelle que soit la méthode utilisée, l'hexagramme se dessine toujours en partant du bas. Le premier trait à apparaître est donc le trait inférieur. Autrement dit, le résultat du premier calcul donne le trait 1 en partant du bas :

Trait 6
Trait 5
Trait 4
Trait 3
Trait 2
Trait 1

## MÉTHODE DES BAGUETTES D'ACHILLÉE

Commençons par la méthode la plus ancienne : celle du calcul de l'hexagramme par les baguettes. Celles-ci sont au nombre de cinquante. Les Chinois utilisaient traditionnellement des tiges d'achillée pour tirer le *Yi King*, mais vos baguettes peuvent être en bois (le plus commun), en ivoire, en métal… Peu importe la matière, le tout est de posséder 50 baguettes manipulables, d'être convaincu de sa démarche et sincère et réceptif face au *Yi King*.

### Préparation

Installez-vous dans un endroit calme, seul ou avec le consultant si vous êtes le praticien : sans écran, sans radio, sans tierce personne… sans rien qui puisse vous perturber. Votre table sera débarrassée de tout élément de distraction. Munissez-vous d'une feuille et d'un crayon afin d'écrire la question et de noter les résultats obtenus au fur et à mesure (je propose en annexe une grille qui vous guidera tout au long de la consultation et que vous pourrez communiquer au consultant, le cas échéant, après l'avoir remplie avec lui). Ménagez-vous un moment pour vous recentrer et vous imprégner de la question, puis prenez les 50 baguettes en main. Si vous consultez pour vous, un petit rituel vous permettra d'entrer complètement dans la situation : placez les baguettes sur votre front et formulez mentalement votre question, puis soufflez sur les baguettes et prononcez la question à voix haute en demandant l'appui de l'univers, des ancêtres, du divin… (en fonction de vos croyances).

*Les étapes 1 à 4 présentées ci-après permettent de construire le premier trait (celui du bas). Elles seront donc à répéter six fois pour obtenir les six traits de l'hexagramme.*

# ÉTAPE 1

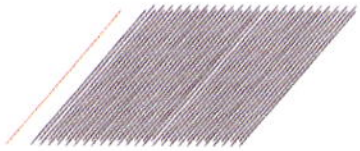

✦ Mettez de côté une baguette qui représentera l'unité primordiale. Cette baguette n'entrera plus jamais en ligne de compte. Il vous reste 49 baguettes.

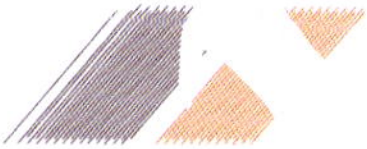

✦ Posez les 49 baguettes, rassemblées, en face de vous. Divisez du pouce de la main gauche (ou demandez au consultant de le faire) le faisceau des 49 baguettes en deux tas, spontanément, en ayant toujours à l'esprit la question posée. Cette représentation mentale de la question restera toujours présente dans votre tête. Vous obtiendrez ainsi deux tas inégaux.

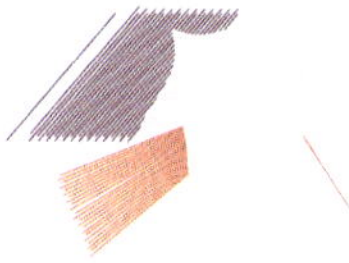

✦ Prenez une baguette du tas de droite et placez-la entre l'auriculaire et l'annulaire de la main gauche.

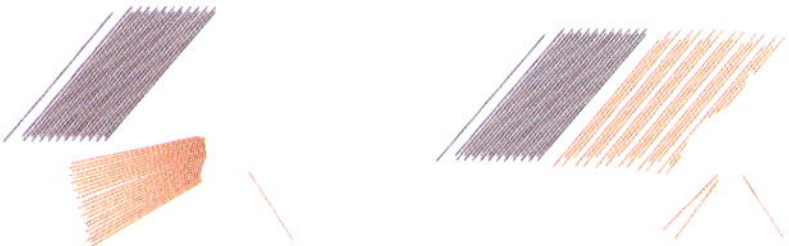

✦ Conservez cette baguette ainsi placée et prenez le tas de gauche dans votre main gauche. Avec la main droite, retirez les baguettes du tas dans votre main par groupe de 4 jusqu'à ce qu'il n'en reste plus que 4, 3, 2 ou 1. Placez ce reste de baguettes entre l'annulaire et le majeur de la main gauche.

✦ Prenez ensuite le tas de droite, de la main gauche, et ôtez les baguettes de ce tas de la même façon, par 4, jusqu'à ce qu'il n'en reste plus que 4, 3, 2 ou 1. Placez ce nouveau reste entre le majeur et l'index de la main gauche. Le total des baguettes présentes entre les doigts de votre main gauche est forcément égal à 9 ou à 5 :

$$1 + 4 + 4 = 9$$
$$1 + 3 + 1 = 5$$
$$1 + 2 + 2 = 5$$
$$1 + 1 + 3 = 5$$

Il est plus courant d'obtenir un 5 qu'un 9 à ce stade du tirage.

Lors de ce tirage initial :

✦ si l'on obtient le chiffre 9, on le transforme en 8. Le nombre 8 aura comme valeur numérique le 2 ;

✦ si l'on obtient le chiffre 5, on le transforme en 4. Le nombre 4 aura comme valeur numérique le 3.

9 ▶ 8 ▶ **2**

5 ▶ 4 ▶ **3**

Notez cette valeur (2 ou 3) et retirez toutes les baguettes d'entre vos doigts. Mettez-les à part.

## ÉTAPE 2

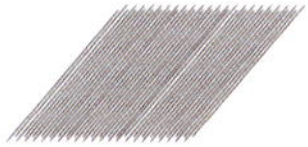

✦ Rassemblez les baguettes restantes en un seul tas.

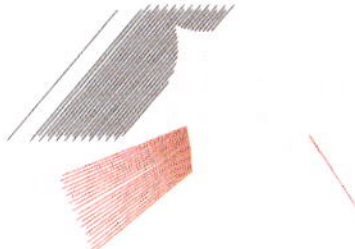

✦ Divisez-les à nouveau en deux tas. Prenez une tige du tas de droite que vous placerez entre l'auriculaire et l'annulaire de la main gauche, et répétez la procédure précédente.

Cette fois, vous obtiendrez soit le chiffre 8 soit le chiffre 4. Le chiffre 8 aura comme valeur de transformation la valeur numérique 2. Le chiffre 4 aura comme valeur de transformation la valeur numérique 3.

**8** ▶ 2
**4** ▶ 3

## ÉTAPE 3

Procédez une troisième fois au même tirage avec les baguettes restantes (en mettant 8 ou 4 baguettes de côté, comme vous l'aviez fait lors des étapes 1 et 2). Vous obtiendrez comme somme également le chiffre 8 ou le chiffre 4. Le chiffre 4 donnera toujours comme valeur de transformation la valeur numérique 3. Le chiffre 8, la valeur numérique 2.

## ÉTAPE 4

La valeur numérique de la somme des trois restes va déterminer la formation du premier trait, c'est-à-dire du trait inférieur (voir tableau ci-après).

| Somme obtenue | Nom du trait | Dessin du trait |
|---|---|---|
| 2 + 2 + 2 = **6** | Yin mutant dit « vieux Yin » | ▬ × ▬ |
| 3 + 2 + 2 = **7** | Yang fixe dit « jeune Yang » | ▬▬▬ |
| 2 + 3 + 3 = **8** | Yin fixe dit « jeune Yin » | ▬ ▬ |
| 3 + 3 + 3 = **9** | Yang mutant dit « vieux Yang » | ▬●▬ |

Ainsi :

- si vous obtenez un 6, vous dessinez le trait brisé vieux Yin, avec une croix au centre (▬ × ▬). Cette croix rappelle qu'il se transformera en trait Yang continu (▬▬▬) ;
- si vous obtenez un 7, vous dessinez le trait continu jeune Yang (▬▬▬) qui restera Yang et donc inchangé (▬▬▬) ;
- si vous obtenez un 8, vous dessinez le trait brisé jeune Yin (▬ ▬) qui restera Yin et donc inchangé (▬ ▬) ;
- si vous obtenez un 9, vous dessinez le trait continu vieux Yang, avec un cercle en son centre (▬●▬). Ce cercle rappelle qu'il se transformera en trait Yin brisé (▬ ▬).

La présence de traits mutants indique, entre autres, que l'hexagramme dit « de situation » (la réponse) se transformera en hexagramme « de perspective » (voir plus bas).

Répétez les étapes 1 à 4 pour obtenir les cinq autres traits de l'hexagramme, que vous construirez, comme on l'a vu, de bas en haut. En possession de ces six valeurs, vous obtiendrez :

✦ soit un hexagramme où des traits mutent, qui donnera donc naissance à un deuxième hexagramme ;

✦ soit un hexagramme où aucun trait ne mute.

***Par exemple :*** à la fin de votre tirage, en vous référant au tableau des combinaisons de trigrammes (carte comprise dans ce coffret), vous obtiendrez l'hexagramme de situation **45 (le rassemblement, le ralliement)** qui, possédant des traits mutants vieux Yin aux 2ᵉ et 6ᵉ places, se transforme en l'hexagramme de perspective 6 (le conflit).

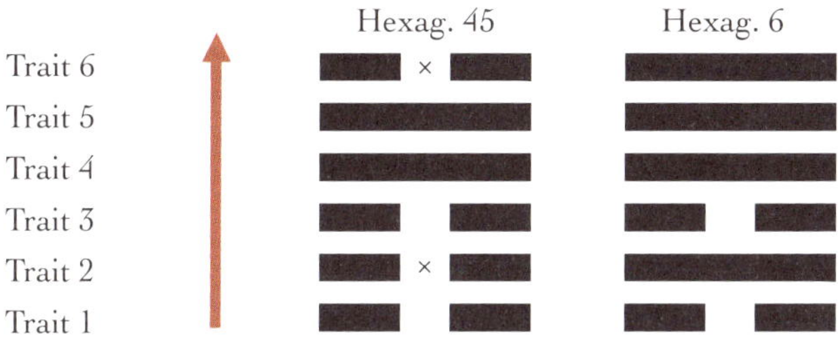


Vous pourrez aussi obtenir un hexagramme de situation sans trait mutant, le **60 (la limitation).**

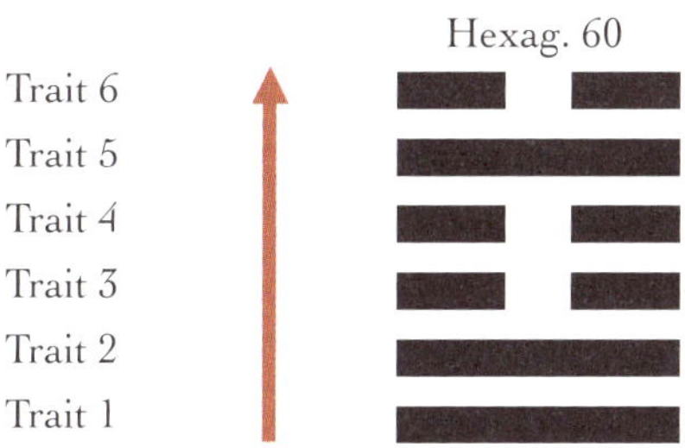

## MÉTHODE DES TROIS SAPÈQUES

La méthode des sapèques permet un tirage plus rapide et occasionne moins d'erreurs de décomptage, erreurs courantes avec les baguettes. Les sapèques du coffret présentent explicitement une face Yin de valeur 2 et une face Yang de valeur 3. Vous pouvez aussi utiliser des pièces de monnaie ordinaires : un côté pile et un côté face, c'est tout ce qu'il vous faut ! Dans ce cas, commencez par établir une convention pour déterminer le côté Yin et le côté Yang de la pièce, que vous respecterez définitivement. En ce qui me concerne, je me base sur l'assonance pile/Yin – face/Yang :

- **côté pile = Yin = 2,**
- **côté face = Yang = 3.**

Pour dessiner les six traits correspondants aux six niveaux, vous répéterez six fois la procédure suivante.

- Prenez les trois pièces dans la main en pensant à votre question, lancez-les comme des dés et additionnez les résultats obtenus.

Par exemple :

pile (valeur 2) + face (valeur 3) + face (valeur 3) = 2 + 3 + 3 = 8.
Les résultats seront obligatoirement compris entre 6 et 9.

Pour rappel :

- si vous obtenez un 6 ou un 8, sa valeur est Yin et elle est représentée par deux traits séparés (avec une croix pour le 6 qui est mutant) ;
- si vous obtenez un 7 ou un 9, sa valeur est Yang et elle est représentée par un trait continu (avec un rond pour le 9 qui est mutant).

| Total obtenu | Nom du trait | Dessin du trait |
|---|---|---|
| 2 + 2 + 2 = **6** | Yin mutant ou « vieux Yin » |  |
| 3 + 2 + 2 = **7** | Yang fixe ou « jeune Yang » |  |
| 2 + 3 + 3 = **8** | Yin fixe ou « jeune Yin » |  |
| 3 + 3 + 3 = **9** | Yang mutant ou « vieux Yang » |  |

✦ À la fin de vos 6 lancers, en vous référant au tableau des combinaisons (carte comprise dans ce coffret), vous obtiendrez par exemple l'hexagramme de situation 51/l'éveilleur qui, possédant un trait mutant « vieux Yang » à la 4e place, se transforme en l'hexagramme de perspective 24/le retour.

Hexag. 51 Hexag. 24

## TIRAGE DE L'INITIÉ : INTERPRÉTATION

Vous avez désormais dessiné votre hexagramme de situation et votre éventuel hexagramme de perspective (en cas de traits mutants) : le travail le plus long est fait ! Ces trois éléments – l'hexagramme de situation, les traits, l'hexagramme de perspective – ne dépendent que du consultant : ce sont des données « circonstancielles ». C'est sur ces éléments que repose l'interprétation de base du *Yi King*. J'ai nommé ce tirage « tirage de l'initié » parce que vous accédez avec lui à toute la logique et la sagesse de cet oracle si particulier.
Ainsi, pour découvrir la réponse à votre question :

✦ vous lirez le texte en tête de l'hexagramme-réponse (dit « de situation* ») pour découvrir le message général et la déclinaison proposée en fonction du domaine de votre question ;

✦ s'il y a présence de traits mutants et donc d'un hexagramme de perspective** :

- ✦ vous lirez le texte du ou des traits mutants de l'hexagramme de situation
- ✦ vous lirez le texte en tête de l'hexagramme de perspective pour voir comment la situation pourrait évoluer.

L'ensemble de ces éléments constitue la réponse à votre question et les conseils du *Yi King* .

***L'hexagramme-réponse (ou de situation)** est celui qui est apparu à la suite des manipulations du consultant (baguettes ou pièces). **Il constitue la réponse fondamentale du *Yi King*.** Cet hexagramme répond à la situation telle qu'elle se présente à l'instant du tirage. En cas d'absence de traits mutants, on peut considérer qu'il n'y aura pas, dans l'immédiat, d'évolution de la réponse donnée par l'hexagramme de situation. Les traits mutants de l'hexagramme sont toujours lus du bas vers le haut. Si les traits mutants sont au nombre de 6, il y a fort à parier que la situation va basculer rapidement et que l'hexagramme de situation est déjà obsolète.

****L'hexagramme de perspective :** s'il y a un ou plusieurs traits mutants lors du calcul de l'hexagramme de situation, vous obtenez donc un second hexagramme, l'hexagramme de perspective. Ce dernier indique la situation vers laquelle vous allez vous diriger. Il augure une transformation de la situation et de la réponse du premier hexagramme, un changement dans la direction que va prendre cette situation.

***Exemple : Tirage de l'initié***

**Votre question est la suivante (vie affective) : « Est-il encore possible de sauver mon couple ? »**

**Vous avez obtenu les hexagrammes ci-après :**

Cherchez la réponse donnée dans le livre pour **l'hexagramme 51** (l'éveilleur), vous trouverez ceci.

### *Sens général*

Face au déchaînement des événements et à leur force déstabilisante, *chen* invite à ne pas céder aux frayeurs, mais à utiliser la dynamique ainsi créée pour opérer un renouveau libérateur.

### *Déclinaison affective pour les couples*

(Ne prenez pas en compte le texte concernant les célibataires.)
*Accaparé·e par vos activités, vous n'avez pas pris garde aux nuages qui s'amoncelaient dans votre ciel conjugal. Vous avez oublié votre autre en route et celui-ci vous le rend bien. Une forme de torpeur a remplacé la passion et les espérances des premiers temps. Cet hexagramme vient donner un coup de semonce pour prévenir qu'il est temps de se réveiller, faute de quoi votre union risque fort de rendre l'âme. La prise de conscience est soudaine et déclenchée par un événement imprévisible. Si elle occasionne un ouragan émotionnel, elle est pourtant salutaire.*

### Suggestion

*Accueillez sans panique les événements qui viennent vous chambouler. Reprenez votre vie conjugale en main et donnez-lui un nouveau souffle. Il ne s'agit plus de préserver un* statu quo, *mais bien d'opérer les changements qui s'imposent. Faites preuve de lucidité, mettez de l'ordre dans vos vies et réalignez-vous sur une énergie d'amour. Accueillez les bouleversements qui résultent de cet hexagramme comme les prémices d'un nouveau bonheur.*

L'hexagramme 51 a un trait mutant « vieux Yang » à la 4^e^ position, vous trouverez son interprétation dans le livre : sidération ou inaction nuisible. Ce trait mutant conduit à la transformation de l'hexagramme-réponse 51 (l'éveilleur) en l'hexagramme de perspective 24 (le retour), dont vous lirez le texte d'en-tête (sens général) dans le livre :

*Situation où l'on est aux prises avec des aspirations d'émancipation et de sécurité, apparemment paradoxales, mais toutes deux essentielles. Un cycle se termine, fu invite à se ressourcer pour mieux aborder le renouveau positif. Il faut peut-être faire marche arrière pour éviter le point de non-retour, retrouver ses repères et préparer la suite.*

### Synthèse

Vous prenez conscience, dans la douleur et soudainement, de l'éloignement qui s'est installé entre vous deux. Un événement déstabilisant, une annonce imprévue, une situation pénible, se chargent de vous rappeler à l'ordre. Il ne s'agit pas de renoncer, chacun de vous deux doit opérer un rééquilibrage entre centration sur le couple et activités personnelles.
L'hexagramme 51 comme l'hexagramme 24 invitent à l'optimisme : la possibilité d'une nouvelle dynamique est réelle. Le 4e trait du 51 vous conseille plus particulièrement de vous mettre en mouvement pour rétablir l'harmonie dans votre couple, malgré les difficultés passagères. Au final, ce coup de semonce sera bénéfique !

## TIRAGE DU MAÎTRE : DES ÉLÉMENTS SUPPLÉMENTAIRES À PRENDRE EN COMPTE

Le tirage du maître est plus complexe, mais permet une analyse plus fine : il vous communique de précieuses informations complémentaires. N'hésitez pas à vous aider de la grille de consultation que vous trouverez en annexe, ainsi que de l'exemple que vous trouverez à la page 58. Reprenez tous les éléments d'analyse présentés au tirage de l'initié, car ils constituent le socle de tout tirage :

- message de l'hexagramme de situation ;
- conseils des traits mutables lorsqu'il y en a (ces traits sont comme des signaux qui indiquent les points de vigilance) ;
- message de l'hexagramme de perspective, le cas échéant.

Nous allons maintenant approfondir l'interprétation de ces éléments, et surtout y ajouter la prise en compte des hexagrammes dits « d'analyse ».

## APPROFONDIR L'ANALYSE PRÉCÉDENTE

Portez une attention particulière à la place des traits mutables. En effet, chaque niveau (ou trait) de l'hexagramme se voit accorder une fonction abstraite : **entrée, préfet, passage, ministre, souverain, sortie.** Encore une fois, ces niveaux sont lus du bas vers le haut, dans le sens de notre élévation de la terre vers le ciel. Ils représentent les étapes à franchir dans la résolution des problèmes comme les multiples décisions à prendre dans la vie. Les traits Yang sont dits à la place « correcte » lorsqu'ils se trouvent aux places impaires (1-3-5) ; les traits Yin le sont lorsqu'ils se trouvent aux places paires (2-4-6). Un trait situé à une place conforme à sa nature se voit renforcé, et inversement. Selon leur position, les traits occupent une place différente dans la hiérarchie qui gouverne la situation (voir tableau ci-après).

| Trait | Niveau | Nature | Place/ situation | Fonction/ position | Stratégie |
|---|---|---|---|---|---|
| ⚋ | 6 | Yin | Extérieur | **Sortie** de la situation | *Conclure, digérer, préparer un changement de situation.* |
| ⚊ | 5 | Yang | Intérieur et central (ciel) | **Souverain** | *Gouverner ce qui est en dessous.* |
| ⚋ | 4 | Yin | Intérieur | **Ministre** (position de passage plus confortable, mais délicate malgré tout) | *Orchestrer les ordres du souverain pour rendre les décisions efficaces, agir sans faire d'ombre.* |
| ⚊ | 3 | Yang | Intérieur | **Passage** (position instable : danger, manque de maîtrise) | *Rester sur ses gardes : soumission aux influences du haut et du bas, au principe de réalité.* |
| ⚋ | 2 | Yin | Intérieur et central (terre) | **Préfet** | *Donner forme, mettre en application, gérer au quotidien.* |
| ⚊ | 1 | Yang | Extérieur | **Entrée** (ou seuil) de la situation | *Entrer dans la situation sans prendre de décision importante.* |

*Correspondance des traits*

Gardez à l'esprit que le trigramme supérieur correspond à l'attitude du consultant vis-à-vis de l'extérieur, à ses actions, alors que le trigramme inférieur renvoie à l'attitude liée à l'intime, à ses convictions. Tenez compte aussi de l'« habit » de l'hexagramme représenté par les traits 1 et 6 : il précise la dynamique de la situation (printemps, été, automne, hiver) et donne des indications de délais. Par exemple : en ne gardant que les traits 1 et 6 de l'hexagramme 24 (le retour), on a l'habit suivant :  (l'automne, voir tableau ci-dessous).

 Printemps : résultats rapidement visibles.

 Été : beaucoup d'effets et de mouvements.

 Automne : les efforts porteront des fruits différés.

 Hiver : peu de mouvement, patience, endurance.

*Correspondances des quatre habits possibles*

Considérez toujours en même temps l'hexagramme de situation et l'hexagramme de perspective.

## PRENDRE EN COMPTE LES HEXAGRAMMES D'ANALYSE

Les hexagrammes d'analyse ne dépendent pas du consultant : ils découlent structurellement de l'hexagramme de situation.

**L'hexagramme opposé** est la figure obtenue en remplaçant chaque trait Yin ou Yang de l'hexagramme de situation par son opposé : Yin par Yang et Yang par Yin. Il représente ce que la situation n'est pas.

Exemple : l'hexagramme 10 (la marche) donne l'hexagramme opposé 15 (se tenir).

**L'hexagramme nucléaire** est obtenu à partir des quatre traits centraux de l'hexagramme de situation : les traits 2-3-4 prennent les places 1-2-3, et les traits 3-4-5 prennent les places 4-5-6. L'hexagramme nucléaire indique la dynamique interne de la situation, ce qui est au cœur de la situation, ce qui est en germe (voir exemple ci-après : hexagramme nucléaire 37 issu de l'hexagramme de situation 10).

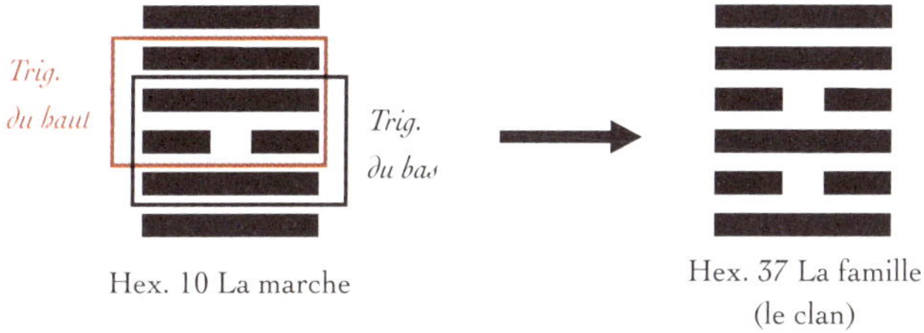


*Obtention de l'hexagramme nucléaire*

**Les hexagrammes dérivés** sont obtenus par mutation d'une seule ligne d'un hexagramme quelconque. Ce sont des données structurelles qui permettent d'affiner la compréhension des lignes mutantes de l'hexagramme de situation.

### *Exemple : tirage du maître*

Toujours pour la question sentimentale « **Est-il encore possible de sauver mon couple ?** », reprenez l'analyse du tirage de l'initié (p. 50) puis intéressez-vous aux points suivants :

✦ le trait mutant est vieux Yang à la 4e place, celle du ministre, position de passage qui invite à l'action. Cette position n'est pas dangereuse, mais elle demande du tact. Il ne s'agit pas de tout réformer de votre relation sans prendre en compte votre partenaire, ses propositions, son ressenti. Il faut vous assurer que vos décisions et votre façon de les mettre en œuvre correspondent également à ses attentes ;

✦ l'hexagramme 51 est constitué deux fois du même trigramme : il semble que votre attitude vis-à-vis de l'extérieur et vos actions soient en adéquation avec votre ressenti. C'est un point positif ;

✦ concernant les délais de résolution, l'habit de cet hexagramme est le suivant :  (automne, les efforts porteront des fruits différés). Ceci indique certainement que les actions que vous allez entreprendre pour « restaurer » votre lien mettront un peu de temps à se faire ressentir (ce qui semble logique, puisqu'on parle d'une relation qui s'était endormie, sclerosée). Si le coup de semonce est soudain avec cet hexagramme, les dispositions que vous prenez pour raviver votre union et vous rapprocher de l'élu·e de votre cœur se feront sentir progressivement ;

✦ pour comprendre la dynamique interne de la situation, ce qui est au cœur de la situation, ce qui est en germe, vous allez devoir regarder du côté de l'hexagramme nucléaire (référez-vous au schéma d'obtention de l'hexagramme nucléaire, p. 57, ou aidez-vous de la grille de consultation en annexe). Vous obtiendrez l'hexagramme 39 (l'obstacle) qui se dessine ainsi :

Au centre de ce mouvement soudain et brusque, il y a donc une obstruction, une forme de résistance qui permet d'amortir la soudaineté de l'événement qui secoue votre couple et explique que les résultats de vos actions se feront sentir dans le temps de façon durable, productive.

✦ Vous irez voir également du côté de l'hexagramme opposé. Transformez tous les traits de l'hexagramme-réponse 51 (les traits Yin deviennent Yang, et vice versa), et vous obtiendrez l'hexagramme 57 (se modeler, le doux).

Cet hexagramme antagoniste indique bien que la stratégie à adopter n'est pas celle de l'adaptation. Attendre que cela s'arrange, supporter les frustrations, laisser passer l'orage : ce n'est pas la stratégie à adopter. Il faut, au contraire, comprendre ce coup de tonnerre comme une invitation à l'action, comme un réveil qui vous indique qu'il est l'heure de réagir et que votre action sera portée par l'énergie de l'éveilleur.
Pour cet hexagramme, il y a un seul trait mutant : il a déjà donné l'hexagramme de perspective 24 (le retour). Il n'y a donc pas d'autre hexagramme dérivé à interpréter. Cet hexagramme recèle la promesse d'un renouveau de votre lien, comme vu dans l'analyse de l'initié.

Voici donc les précisions que vous allez obtenir grâce au tirage du maître et qui vous aideront à appréhender la situation dans toute sa subtilité. Ces éléments vous permettront de mieux en saisir les enjeux et la dynamique.

Chapitre 3

# Les hexagrammes interprétés

## UNE SUCCESSION SIGNIFIANTE DE 64 HEXAGRAMMES

Chaque hexagramme répond à une logique interne correspondant à l'évolution de la situation depuis son commencement jusqu'à son issue. Cette progression est visible au travers de la place des six traits (pour rappel, lecture de bas en haut).

- Le premier trait est celui des prémices, de l'entrée précautionneuse dans la situation.
- Le second, celui où la situation prend forme de façon concrète.
- Le troisième, celui de la mise en garde ou du danger.
- Le quatrième, celui où l'on tire les premières conséquences de ses actes et où l'on fait passer les messages avec précaution.
- Le cinquième, celui de l'accomplissement et de la maîtrise.
- Le sixième, celui où le processus, arrivé à son terme, ne peut plus être changé ; on récolte ce que l'on a semé (en bien ou en mal), et ce, en fonction des actions et attitudes précédentes (voir le tableau détaillé des traits, p.55.)

Au-delà de cette logique interne, une logique globale prévaut à l'enchaînement des 64 hexagrammes. La suite des hexagrammes décrirait l'ascension de Zhou, petit roi devenu empereur de la Chine. Elle retracerait, de fait, les étapes auxquelles tout un chacun doit se soumettre pour relever les défis de la vie, et ce, dans tous les domaines : relations, profession, études, acquisitions, développement personnel… Ainsi se succèdent des périodes d'avancée, de recul, d'élévation, de chute, de facilitation ou de blocage. Pour chacune d'elles, le *Livre des mutations* décrit la situation et propose l'attitude la plus bénéfique.

Pour rappel, dans le texte d'origine, le Jugement correspond à l'appréciation globale de la situation, et la Grande Image à l'attitude à adopter dans cette situation. Au travers d'un travail de réécriture, j'ai actualisé et fusionné les textes du Jugement et de la Grande Image pour chaque hexagramme. J'ai tenté ainsi d'en permettre une lecture plus actuelle et plus facile, sans rien dénaturer ni ôter au sens initial des textes.

Afin de guider le consultant dans la compréhension de sa réponse particulière, pour chaque hexagramme est proposé :

- un sens général,
- une déclinaison affective,
- une déclinaison professionnelle,
- une déclinaison financière,
- une invitation à aller plus loin.

Ces interprétations sont, volontairement, à la fois générales et concrètes : elles ont vocation à être nuancées à l'aune de la situation interrogée.

# 1 QIAN, LE CRÉATEUR

**Juin – Midi – Sud**

*Trigrammes constitutifs : hexagramme double, qian (le créateur, le ciel) en dessous et au-dessus.*

***Impulsion, initiative, fermeté, affirmation, action, élévation.***

6. Absence d'issue, limites atteintes, regrets.
5. Action féconde, vous êtes en phase.
4. Situation sécurisée : initiative profitable.
3. S'engager mais vigilance requise.
2. Demandez de l'aide, vous l'obtiendrez.
1. Le temps d'agir n'est pas venu.

## SENS GÉNÉRAL

Face à cette situation qu'il est possible d'orienter, *qian* invite à initier l'action avec force, en utilisant la puissance du Yang afin de profiter de ce mouvement ascensionnel, de rester déterminé·e, en accord avec soi-même, de gérer son énergie, car celle-ci devra être durable. Moment où l'action est essentielle à l'équilibre personnel.

## DÉCLINAISON AFFECTIVE

*Qian* indique votre entrée dans un cycle nouveau. Votre vie sentimentale est dans une phase constructive, les événements sont de votre côté. Les personnes que vous allez rencontrer ou qui vous entourent déjà sont des personnes de qualité.

En couple, des situations mobilisent votre énergie et peuvent demander de la persévérance, mais votre implication est grandement récompensée par de belles joies amoureuses et une vraie stabilité.
Une rencontre devrait combler toutes les attentes des célibataires. Le moment est propice pour envisager une union ou la naissance de tout projet à deux.
***Suggestion :*** en couple, prenez le temps d'apprécier l'harmonie qui s'est installée, évitez l'escalade amoureuse en en demandant toujours plus à votre relation. Soyez constructif·ve. Relativisez : les petites contrariétés sont passagères et sans incidence sur votre histoire. Respectez vos besoins et ceux de l'élu·e de votre cœur, la solidité de votre histoire dépend aussi du respect de l'équilibre de chacun.
Si vous êtes célibataire, soyez confiant·e, prenez des initiatives, restez centré·e sur une seule personne et oubliez votre esprit de conquête. Prenez le temps de tisser de beaux liens avec elle et ne précipitez rien par des jeux de séduction : c'est certainement votre « autre ». En cas de tracas, faites preuve de patience, ils ne sont que temporaires. Cet influx indique que vous allez enfin trouver le bonheur amoureux auquel vous aspirez. Quand il se présentera, résistez à la tentation de nouvelles exigences qui le feraient fuir.

## DÉCLINAISON PROFESSIONNELLE

Vous êtes dans une dynamique de progrès et les événements vous sourient : des concours s'ouvrent, des postes se libèrent, le contexte pour votre projet de création d'entreprise est porteur… Dans tous les cas, le maître-mot est « évolution », car votre potentiel et vos compétences sont à la hauteur de vos ambitions. Vous êtes inspiré·e : les idées à concrétiser fusent.
***Suggestion :*** soyez confiant·e, persévérez et concrétisez ! Suivez votre intuition. Prenez les contacts nécessaires. L'heure est à l'initiative, à l'affirmation de soi et à la création. Ne vous laissez pas décourager en

cas de difficultés, la période est bénéfique, et bien souvent vous aurez une longueur d'avance sur autrui. Vous êtes maître de votre destin professionnel.

## DÉCLINAISON FINANCIÈRE

Vous entrez dans une phase d'amélioration certaine de vos finances. Celle-ci s'inscrit dans le temps et passe par des initiatives raisonnées. Vos interlocuteurs devraient vous accorder les crédits nécessaires. Vous possédez tous les atouts pour mener des négociations fructueuses, à condition de respecter les règles.

***Suggestion :*** sachez saisir avec discernement les opportunités qui vont se présenter. Agissez en gestionnaire, suivez vos comptes, faites les bons placements. Les relations avec vos partenaires doivent être de type « gagnant-gagnant ».

## POUR ALLER PLUS LOIN

Vos motivations sont-elles en accord avec votre nature profonde, ou sont-elles le reflet de vos conditionnements ?

# 2 KUN, LE RÉCEPTIF

**Décembre – Minuit – Nord**

*Trigrammes constitutifs : hexagramme double, kun (le réceptif, la terre) en dessous et au-dessus.*

***Acceptation, inspiration, sensibilité, persévérance, discrétion.***

6. Rapports conflictuels, risque de destruction mutuelle.
5. Succès assuré, l'action discrète est reconnue.
4. Rester en retrait car il y a danger.
3. Rester discret·e pour assurer une réussite différée.
2. Simplicité requise, suivre le mouvement.
1. Ralentissement, avancer en toute prudence.

## SENS GÉNÉRAL

*Kun* invite à se connecter à son inconscient en utilisant l'énergie du Yin et en respectant les rythmes personnels. L'acceptation, l'ouverture, l'altruisme, sont vecteurs de réalisation. De manière générale, ne suivez pas le mouvement lorsque l'intuition dicte de ne pas le faire.

## DÉCLINAISON AFFECTIVE

*Kun* est un hexagramme éminemment féminin ; il représente l'amour maternel, le don de soi.
En couple, il vous invite à être dans l'accueil, à l'écoute de vos émotions et de celles de votre partenaire. Agir en douceur est le maître-mot. Il indique souvent une situation de dépendance, d'attente. Les séparations éventuelles sont souvent provisoires : ce sont plutôt des pauses, car votre relation est appelée à prospérer.

Si vous êtes célibataire, cet hexagramme indique que vous avez toutes les cartes en main pour faire une rencontre déterminante. Celle-ci est en gestation, et c'est votre capacité à l'accueillir qui permettra sa concrétisation. Vos belles capacités intuitives, vos qualités Yin et votre sens de l'amitié sont vos meilleurs alliés.

***Suggestion*** : en couple, ne craignez pas de faire certaines concessions, vous en récolterez les fruits. Désamorcez avec tact les malentendus. Mettez-vous en retrait lorsque vous sentez que c'est nécessaire. Tout dirigisme est à proscrire, ne soyez pas impatient. Sachez exprimer votre besoin de tendresse et d'harmonie sans être impérieux. Osez la tendresse. Écoutez vos intuitions. Cultivez la patience. Mettez à profit les ruptures éventuelles pour retrouver d'abord un équilibre personnel qui permettra ensuite de construire la relation sur de nouvelles bases, plus harmonieuses. Laissez à votre partenaire l'initiative de reprendre contact, et soyez bienveillant à son retour.

Si vous êtes célibataire, soyez confiant·e : le destin vous prépare une rencontre, ne forcez rien. Sachez attendre la « bonne personne » pour vous tout en développant votre part féminine, que vous soyez une femme ou un homme.

## DÉCLINAISON PROFESSIONNELLE

Votre jugement peut être empreint d'un manque de réalisme. Les illusions sont possibles. Donnez-vous les moyens de vos objectifs. Vous êtes dans un contexte où tout ce qui est du ressort de la formation est favorisé. Pour agir, attendez le moment opportun et, surtout, attendez d'être prêt. Les activités artistiques, de soin et d'aide sont favorisées.

***Suggestion :*** sortez « vos antennes » pour être à l'écoute des opportunités. Soyez attentif·ve aux malentendus qui pourraient vous advenir au travail : relations, contrats…

## DÉCLINAISON FINANCIÈRE

Vous êtes sous le signe de la croissance : avec *kun,* il y a toujours une notion de fécondité, l'argent « fait des petits ». Les investissements sûrs sont profitables. Les transactions immobilières sont facilitées et favorables. L'aisance financière advient sûrement, mais progressivement. Vos finances sont protégées sur le long terme.

***Suggestion :*** cet hexagramme parle d'introversion. Pour la pérennité de vos affaires, la discrétion est de mise, et les coups d'éclat sont à proscrire. Pour prendre des décisions financières, écoutez votre intuition, soyez attentif·ve aux signes et synchronicités, puis entourez-vous de conseillers discrets et compétents pour la concrétisation.

## POUR ALLER PLUS LOIN

Vous avez ressenti de la compassion pour autrui. Qu'en est-il de la compassion que vous pouvez ressentir pour vous ?

# 3 TUN, LA DIFFICULTÉ INITIALE

*Trigrammes constitutifs : le trigramme inférieur est chen (l'éveilleur, le tonnerre) et le trigramme supérieur est kan (l'insondable, l'Eau).*

***Confusion initiale, vulnérabilité, hésitation, persévérance, prudence.***

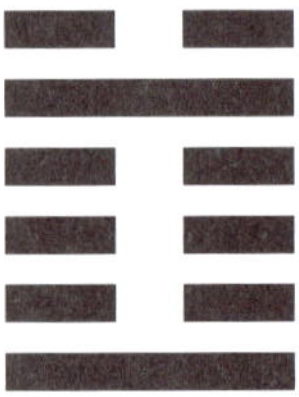

6. Il est trop tard pour agir, regrets.
5. Tout vient en son temps, ni découragement ni impatience.
4. Vous avez trouvé l'appui nécessaire à la réussite de votre projet.
3. Trop d'obstacles, écouter son intuition et renoncer.
2. Vous n'avez d'autre choix que de faire une pause.
1. Avancer sans hâte et trouver des appuis si nécessaire.

## SENS GÉNÉRAL

*Tun* invite à marquer un temps d'arrêt pour bien considérer une situation porteuse de réussite, mais encore confuse. Afin de l'aborder de façon optimale, il convient de trouver des ressources, des appuis, et d'élaborer un plan. L'élan vital qui est en vous devient fécond.

## DÉCLINAISON AFFECTIVE

*Tun* désigne souvent un contexte de difficultés passagères.
Si vous êtes en couple, la situation n'est pas mûre, la direction n'est pas la bonne, vous ou votre « autre » n'êtes pas prêts. Vous pouvez vous

éloigner l'un·e de l'autre provisoirement, une relation ancienne n'est pas complètement soldée, votre entourage n'est pas favorable à votre relation. Enfin, d'une manière ou d'une autre, on pourrait vous mettre des bâtons dans les roues.

Si vous êtes célibataire, vous peinez à poursuivre au-delà des premiers rendez-vous, vos rencontres se trouvant rapidement confrontées à de nombreux obstacles.

***Suggestion :*** dans les couples, le temps est à l'analyse. Il convient de se recentrer et de se poser les bonnes questions sur la relation. Un repli s'avère souvent salutaire. Des concessions pourraient être nécessaires, ne vous laissez pas déstabiliser trop rapidement. Vous vous trouvez peut-être devant une nouvelle étape. Prenez le temps de la franchir ensemble, dans le respect de chacun·e et en tenant compte des contraintes extérieures qui pourraient s'imposer. Forcer les événements ou regarder trop vite ailleurs serait source de regrets. Si vous souhaitez aller plus loin, sachez qu'une pause est parfois nécessaire pour faire bouger les choses par la suite. Un thérapeute peut vous aider.

Si vous êtes célibataire, ne bousculez pas les événements : les obstacles sont souvent des avertissements, ou ils permettent d'aborder une nouvelle relation différemment. Si la personne en face n'est pas disponible, laissez-la solder ce qu'elle a à solder, sans vous en mêler. Si elle vous est vraiment destinée, elle saura revenir vers vous sur des bases assainies.

## DÉCLINAISON PROFESSIONNELLE

Il est probable que vous traversiez une période chaotique, vos idées sont brouillées. Les difficultés rencontrées et la confusion qui règne dans votre esprit vous signalent que vous n'êtes peut-être pas sur la bonne voie. Vous pourriez vous sentir prisonnier·ère, tel l'insecte se cognant aux parois d'un bocal sans en trouver la sortie. Cette situation

inconfortable n'est qu'une étape nécessaire à votre épanouissement professionnel.
***Suggestion :*** marquez un arrêt, changez de perspective pour envisager la situation différemment : parfois, il s'agit juste d'un détail à modifier. N'essayez pas de concilier l'inconciliable, car vous seriez paralysé·e. Inventoriez vos envies et vos compétences, prenez la mesure de vos limites, de ce que vous êtes prêt·e à sacrifier (ou pas) pour votre carrière et vous réorienter. N'hésitez pas à demander conseil. Faites, par exemple, un bilan de compétences ; cherchez des appuis.

## DÉCLINAISON FINANCIÈRE

Vous pourriez rencontrer des difficultés dans ce domaine en raison d'une forme de désinvolture ou d'un manque de clairvoyance dans la gestion de votre argent. Peut-être avez-vous fait des achats compulsifs ou surestimé les rentrées à venir. Peut-être l'avez-vous fait pour compenser des frustrations amoureuses, professionnelles ou familiales. Sachez que les tourments engendrés par cette situation sont passagers, car vous saurez en tirer les leçons qui s'imposent.
***Suggestion :*** il est temps de faire vos comptes et d'avoir une relation plus mature à l'argent. Pour repartir sur de bonnes bases, certaines charges doivent être élaguées, certaines dépenses différées. N'hésitez pas à demander conseil à des personnes compétentes, à solliciter peut-être une aide passagère auprès de vos aînés, si c'est possible. Le retour à l'équilibre sera le départ d'une belle expansion.

## POUR ALLER PLUS LOIN

Des obstacles se sont parfois présentés sur votre chemin, en fait ils se sont avérés plus bénéfiques que vous ne le pensiez.

# 4

# MENG, LA FOLIE JUVÉNILE

*Trigrammes constitutifs : le trigramme inférieur est kan (l'insondable, l'Eau) et le trigramme supérieur est gen (l'immobilisation, la montagne).*

***Ignorance, naïveté, inexpérience, apprentissage.***

6. La sanction tombe pour vous aider à rectifier vos erreurs.
5. Pour l'instant, s'en remettre à plus expérimenté·e que soi.
4. Inexpérience et présomption ont fait voir « trop grand ».
3. Ce n'est pas le moment d'agir, risques d'illusions.
2. Prendre son autonomie et trouver patiemment sa place.
1. Discipline nécessaire pour éviter les ennuis.

## SENS GÉNÉRAL

*Meng* indique que l'on est « une jeune pousse », inexpérimentée et impétueuse. Avant de croître et laisser jaillir tout son potentiel, il convient d'écouter les conseils, de suivre une initiation ou les étapes d'un enseignement. À cette condition de persévérance dans l'apprentissage, l'élan vital qui est en soi devient fécond.

## DÉCLINAISON AFFECTIVE

En couple, *meng* décrit un contexte relationnel marqué par la désinvolture, l'impulsivité et, pour certain·e·s, l'immaturité. Votre discernement peut être obscurci par un besoin de séduction ou la recherche de nouvelles expériences. La raison peut en être un manque de confiance en vous, un besoin de réassurance. Cette attitude constitue une menace pour votre relation actuelle.
Si vous êtes célibataire, vous pourriez vous brûler les ailes dans des histoires qui vous laisseront un goût amer. En positif, on pourrait dire que vous vivez passionnément et faites des expériences qui, à terme, vous rapprocheront de votre idéal.
***Suggestion :*** canalisez l'élan vital qui est en vous, prenez du recul sur vos expériences. Bridez votre imagination qui vous fait voler parfois très haut et peut vous déconnecter du réel. Plutôt que de pratiquer le « zapping » amoureux, prenez le temps de découvrir les personnes rencontrées. Ce pourrait être plus enrichissant, avec de belles surprises à la clé. N'hésitez pas à échanger sur ce que vous vivez avec des personnes de confiance plus expérimentées. Cette période n'est pas inutile : progressivement, vos relations vont gagner en profondeur, en qualité, en stabilité.

## DÉCLINAISON PROFESSIONNELLE

Votre allant et votre pouvoir de persuasion vous ouvrent des portes. Vos démarches professionnelles sont couronnées de succès, vous savez rallier les appuis nécessaires. Tout semble possible.
***Suggestion :*** votre énergie et votre optimisme sont vos meilleurs alliés. N'hésitez pas à multiplier les contacts. Faites-vous confiance malgré votre inexpérience. Vous stabiliserez votre situation par la suite, en consolidant vos compétences par des formations ou grâce à un mentor.

## DÉCLINAISON FINANCIÈRE

Votre situation financière est trop instable pour supporter de nouvelles dépenses. Vos projets sont pertinents, mais une certaine inexpérience risque de les mettre en péril et pourrait vous plonger dans des difficultés matérielles évitables. Davantage de préparation ainsi qu'une meilleure assise financière sont nécessaires.

***Suggestion :*** avant de passer à la réalisation de vos projets, préparez-vous soigneusement, d'une part pour vous sécuriser et d'autre part pour convaincre vos interlocuteurs (prévisionnel, trésorerie suffisante, etc.). Si des incertitudes persistent, différez, le temps de réunir les éléments de la réussite. Ce sera, au final, du temps de gagné, et vos nuits à venir n'en seront que plus sereines ! Bien entendu, votre vitalité et votre pouvoir de persuasion pourraient vous permettre de passer en force, mais sur des bases très fragiles (ce qui engendrerait par la suite tourments et déconvenues).

## POUR ALLER PLUS LOIN

Accepter aide et conseils nécessite d'avoir confiance en soi. Souvenez-vous à quel point c'était difficile quand vous étiez enfant. Est-ce toujours le cas ?

5

# XU, L'ATTENTE

*Trigrammes constitutifs : le trigramme inférieur est qian (le créateur, le ciel), le trigramme supérieur est kan (l'insondable, l'Eau).*

***Ajournement, patience, résistance.***

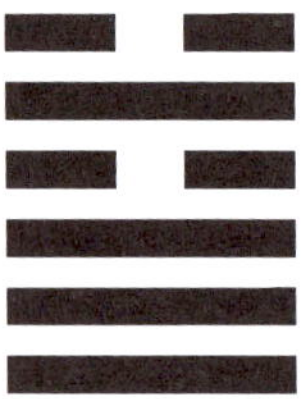

6. Déstabilisation, mais la situation finira par tourner à son avantage.
5. Répit pour se ressourcer avant le passage à l'action.
4. Rester impassible devant le danger, faute d'avoir fui à temps.
3. Trop de témérité vous a « enlisé·e » et rendu·e vulnérable.
2. Rester digne, ne pas donner prise à la calomnie, l'issue sera heureuse.
1. Prendre les petits contretemps pour ce qu'ils sont, pas de surréaction !

## SENS GÉNÉRAL

*Xu* invite à recharger les batteries, vivre sur les réserves ou sortir des schémas habituels avant d'agir. Retards et petits désagréments liés à l'attente seront bénéfiques à long terme, surtout si l'on a su rester ouvert·e, voire se placer sous la protection d'une personne ou d'un groupe ou rejoindre l'une ou l'autre.

## DÉCLINAISON AFFECTIVE

En couple, *xu* indique que vous vivez difficilement ce moment où les communications sont interrompues et le retrait nécessaire. Vous avez été certainement très éprouvé·e par les événements récents. Vous ou votre partenaire avez peut-être décidé de mettre un terme à votre relation ou de la mettre en pause. Il peut s'agir aussi d'événements ou d'un contexte qui vous contraignent à un éloignement provisoire.

Si vous êtes célibataire, l'heure n'est pas aux rencontres, mais au ressourcement après une période délicate. Ne vous découragez pas. La situation n'est pas aussi désespérée que vous pourriez le penser, quelque chose d'heureux est dans l'air.

***Suggestion :*** en couple, il est absolument nécessaire de brider votre impulsivité et d'éviter toute initiative. Ne brusquez pas les événements et ne provoquez pas les discussions. Restez à l'écoute, sortez vos antennes, écoutez votre intuition… mais n'agissez pas.

Si vous êtes célibataire, *xu* vous demande de mobiliser vos ressources pour supporter cette situation éprouvante de repli, parfois ambiguë, car elle annonce un renouveau dans votre relation ou la rencontre d'une nouvelle personne.

## DÉCLINAISON PROFESSIONNELLE

Actuellement, vous faites face à de multiples obstacles et vous pourriez avoir l'impression d'une complète traversée du désert. Beaucoup d'éléments sont hors de votre contrôle et dépendent de faits extérieurs. Pourtant, la fin du tunnel se profile, même si vous n'en percevez pas encore la lumière. Savoir attendre est la leçon de cet hexagramme qui signale que vous pourriez compter, ultérieurement, sur un coup de pouce inespéré, une aide providentielle.

***Suggestion :*** *xu* vous invite à redoubler de courage, de patience et d'optimisme ! Évitez toute initiative personnelle qui pourrait, en cette période de flou et de transformation, s'avérer dangereuse. Jouez la carte du soutien mutuel en attendant des moments plus propices à l'action. Gardez espoir, même si vous avez la sensation de n'avoir aucune prise sur votre carrière ni sur vos décisions professionnelles. Cette attente ne doit pas être passive, mais stratégique.

## DÉCLINAISON FINANCIÈRE

Le moment des décisions financières n'est pas venu. Il y a bien des opportunités avec cet hexagramme, mais elles restent cachées et se dévoileront ultérieurement.
***Suggestion :*** n'acceptez, pour l'instant, ni les propositions ni les sollicitations qui vous seraient faites en matière d'argent. Agir conduirait à gâcher le potentiel contenu dans *xu*. Prendre votre temps et éviter le changement vous permettra de progresser en esquivant les dangers.

## POUR ALLER PLUS LOIN

Votre émotivité vous a paralysé. Regarder ce phénomène en face est en réalité le signe d'une grande force.

# 6 SONG, LE CONFLIT, PLAIDER SA CAUSE

*Trigrammes constitutifs : le trigramme inférieur est kan (l'insondable, l'eau) et le trigramme supérieur est qian (le créateur, le ciel).*

***Affrontement, rivalité, querelle, présenter ses doléances.***

6. Petite satisfaction obtenue difficilement apportera des désagréments ultérieurs.
5. Le climat étant apaisé, les demandes sont entendues.
4. L'apaisement et le *statu quo* seront récompensés à terme.
3. Ne rien solliciter, se contenter des acquis.
2. Se replier, se mettre en sécurité.
1. Ne pas aller plus loin, il est temps de tout arrêter sans mal.

## SENS GÉNÉRAL

Dans cette situation de conflit ou de perte de confiance, *song* invite à parler ouvertement avec ses interlocuteurs. Pour ce faire, exprimez vos doléances, mais avec mesure, cherchez un compromis afin de pouvoir prendre un nouveau départ, sur d'autres bases et si nécessaire ailleurs.

## DÉCLINAISON AFFECTIVE

Vos relations affectives traversent une période houleuse. La confusion règne, il y a comme un avis de tempête.

En couple comme en solo, il est possible que des énergies tierces (rivaux, entourage hostile, addictions…) menacent vos projets sentimentaux. Les désaccords sont nombreux, parfois pour des petits riens, parfois sur des points essentiels. Évitez d'engager la lutte avec votre partenaire en le mettant au pied du mur. Cette attitude serait trop risquée. Vous vous sentez chahuté·e et fragilisé·e, et pourtant vous sortirez de cette épreuve conforté·e dans vos valeurs et plus solide.
Si vous êtes célibataire et que vous déployez tous vos charmes pour séduire une personne déjà engagée, la conquête ne sera que provisoire. Elle vous laissera un goût amer, car il s'agit peut-être d'une rencontre karmique (forte mais compliquée).
***Suggestion :*** évitez d'aborder les sujets brûlants, vous jetteriez de l'huile sur le feu et il n'en sortirait rien de bon. En couple, le moment n'est pas aux récriminations ni aux discussions âpres. Dans l'immédiat, apaisez les choses. Accordez-vous du temps pour savoir si vous souhaitez poursuivre ou non cette histoire, l'heure n'est pas encore aux choix. Vous possédez plus d'atouts que vous ne le pensez, vous sortirez plus fort·e de cette épreuve.
Si vous êtes célibataire et que la personne que vous convoitez n'est pas libre, cet hexagramme vous invite au repli plutôt qu'au combat. Vous vous éviterez ainsi bien des peines et une perte d'énergie pour un bonheur qui pourrait être de courte durée. Les conditions pour une relation saine et sereine ne sont pas réunies. Vous n'avez rien à prouver, à personne ni à vous-même. Votre *alter ego* est ailleurs, une relation harmonieuse est préférable.

## DÉCLINAISON PROFESSIONNELLE

Des désaccords sont possibles sur votre lieu de travail. Les avis divergent et chacun pense avoir raison. Pour sortir de cette situation, cet hexagramme invite à davantage de compréhension. Faire valoir son point de vue à tout prix satisfait l'ego dans l'immédiat, mais laisse

des séquelles dans les relations à long terme. Toute nouvelle situation pourrait être source de polémique et engendrer une ambiance délétère.
***Suggestion :*** décider au regard de votre seul point de vue vous conduirait tout droit dans une impasse. Révisez et modérez votre position. Évitez toute confrontation et les rapports de forces. Si vous ne parvenez pas à trouver un compromis, demandez à une personne d'autorité ou d'expérience de trancher… et faites bonne figure, quel que soit le sens de sa décision.

## DÉCLINAISON FINANCIÈRE

Il est possible que des questions d'argent soient à l'origine d'un conflit. Que l'on vous réclame ou que l'on vous doive une certaine somme, vous vous sentez lésé·e. Hélas ! la personne en face de vous a le même ressenti, et la situation semble inextricable. À son origine, certainement un flou dans un accord entre vous ou des intentions peu claires de la part de tiers (cas d'une succession, par exemple).
***Suggestion :*** cette situation pourrait s'envenimer. *Song* vous invite au compromis, seule porte de sortie possible. Pour vous aider à trouver ce compromis, sollicitez l'aide d'une tierce personne, ou même de la justice. Cet hexagramme indique la survenue d'une solution équitable, vous êtes dans votre bon droit.

## POUR ALLER PLUS LOIN

Avez-vous de bonnes raisons de vous jeter dans une querelle, ou est-ce juste le masque de l'ego ?

# 7 SHI, L'ARMÉE

*Trigrammes constitutifs : le trigramme inférieur est kan (l'insondable, l'Eau) et le trigramme supérieur est kun (le réceptif, la terre).*

***S'unir pour faire rempart, discipline, combattre.***

6. Retour à la normale et réorganisation.
5. À la personne compétente de décider et d'être obéie.
4. Ne pas aller à l'affrontement, retraite favorable.
3. Disperser les forces conduit à la défaite, danger.
2. Autorité reconnue, l'exercer.
1. Ordre et discipline pour servir une juste cause.

## SENS GÉNÉRAL

Dans cette situation périlleuse, *shi* invite à s'unir et à se mobiliser, le temps n'est pas venu de se distinguer. Pour braver les dangers, circonspection et discipline sont de mise. Choisissez toujours la méthode qui a fait ses preuves.

## DÉCLINAISON AFFECTIVE

Votre couple pourrait être confronté à l'hostilité ou à la jalousie de tierces personnes. Au sein même de votre relation, vous pourriez vivre des tensions, voire être exposé·e à l'agressivité de votre partenaire. Les célibataires ont d'autres combats à mener ou font des rencontres qui ne se concrétisent pas, faute d'affinités suffisantes. De manière générale, les énergies actuelles laissent peu de place à l'expression des sentiments.

Certaines personnes pourraient être tentées de s'immiscer dans votre vie amoureuse.
***Suggestion :*** en couple, *shi* invite à garder confiance en soi et à maintenir le cap. Ne vous laissez pas entraîner dans une escalade agressive, et ne laissez aucune personne de votre entourage attiser les cendres. Attendez un moment propice à l'apaisement pour désamorcer les différends, dans le respect des points de vue de chacun. Déjouez les projections qui sont faites sur vous grâce à des clarifications : on vous prête peut-être des intentions que vous n'avez pas. Souvenez-vous que souvent la peur déclenche des réactions agressives. S'il indique des tensions, *shi* montre une issue favorable grâce à l'union : faites front ensemble.
Si vous êtes célibataire, faites-vous confiance et ne laissez personne (même quelqu'un qui serait animé de bonnes intentions) prendre le pouvoir sur votre vie sentimentale.

## DÉCLINAISON PROFESSIONNELLE

Au travail, vous êtes engagé·e dans un combat collectif. Vos intérêts sont étroitement liés à ceux de votre groupe d'appartenance : service, entreprise, syndicat, groupement ou branche professionnelle. Vous traversez ensemble une période de fortes pressions.
***Suggestion :*** pour l'instant, il ne semble pas judicieux de se faire valoir personnellement, misez plutôt sur l'union avec vos collègues ou partenaires. Ralliez discrètement à vos positions et à votre stratégie les personnes autour de vous. Agissez avec diplomatie et droiture, sans vous distinguer. Vos mérites seront reconnus le moment venu, et de nouvelles responsabilités viendront récompenser votre implication efficace et dénuée d'ego.

## DÉCLINAISON FINANCIÈRE

Votre situation financière pourrait être exposée à des crises : dépenses excessives, perte de revenus ou pertes diverses. Des loyers attendus ne vous ont pas été versés, par exemple, ou peut-être ne parvenez-vous pas à honorer vos dettes. Cette situation crée des tensions avec votre entourage. Ruminations et conflits mentaux vous minent. Cette situation est provisoire.
***Suggestion :*** *shi* vous invite à assainir vos comptes et à faire valoir votre dû. Pour cela, n'hésitez pas à faire appel à un tiers. Une planification de vos finances pourrait se révéler fructueuse. Prenez conseil auprès de votre banquier ou de toute personne compétente qui pourra vous aider à avoir une vision à long terme. Vous déciderez ainsi d'une épargne et de placements. Vous établirez, en fait, un budget pertinent vous attirant ainsi les bonnes grâces de vos interlocuteurs et leur soutien.

## POUR ALLER PLUS LOIN

En certaines circonstances, vous avez pensé que vos réponses étaient proportionnées. Le pensez-vous toujours ?

# 8 BI, LA SOLIDARITÉ, L'UNION

*Trigrammes constitutifs : le trigramme inférieur est kun (le réceptif, la terre) et le trigramme supérieur est kan (l'insondable, l'Eau).*

***Alliance, solidarité, bienveillance, association.***

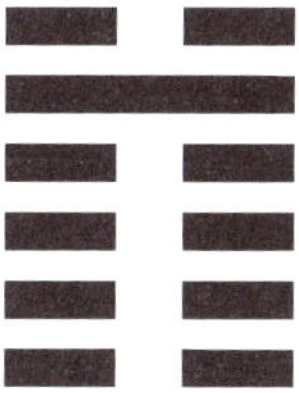

6. Union révolue car désorganisation.
5. Alliance idéale et fructueuse.
4. Cette alliance sera profitable.
3. Mauvaise alliance, se retirer.
2. L'alliance doit être sincère pour être durable.
1. La fidélité permet de garder ses alliés.

## SENS GÉNÉRAL

Dans ce contexte inquiétant où le temps presse, *bi* invite à ne pas se dérober. La situation requiert alliance et cohésion. Il s'agit d'adhérer à un projet commun, de se rassembler, voire de rejoindre un leader.

## DÉCLINAISON AFFECTIVE

En couple, *bi* désigne une période où les besoins affectifs sont forts et comblés. L'entente règne, et vous prenez soin l'un·e de l'autre. Vous êtes attentionné·e et faites l'objet de toutes les attentions. Les décisions se prennent ensemble. La solidarité règne. Et pourtant, l'un·e de vous pourrait en demander toujours plus, comme si la relation était la solution à toutes les failles narcissiques, à tous les manques.

Si vous êtes célibataire, la période est propice aux belles rencontres, et vous pourriez croiser votre *alter ego*. Des projets de vie commune peuvent naître, on en sent les prémices. Le temps fera son travail : les liens solides se nouent lentement.
***Suggestion :*** en couple, laissez-vous aller aux élans amoureux, car vous pouvez être en confiance. Ne vous dérobez pas. Ne vous inquiétez pas si votre partenaire avance plus lentement que vous dans la relation, celle-ci n'en sera que plus solide. Soyez attentif·ve à ne pas confondre amour et codépendance, ce pourrait être l'écueil d'un lien trop symbiotique. Chacun doit pouvoir garder son espace de liberté pour que la relation continue à se nourrir.
Si vous êtes célibataire, ne vous découragez pas parce qu'une personne récemment entrée dans votre vie met du temps à s'engager. La lenteur de cette personne témoigne de l'importance qu'elle accorde à votre histoire. Elle souhaite qu'elle soit durable. Apprenez à vous connaître avant de construire, et profitez du moment présent.

## DÉCLINAISON PROFESSIONNELLE

Votre évolution professionnelle est étroitement liée à votre capacité à nouer des relations sincères et solidaires. Vous regretteriez d'avoir raté une occasion de vous rallier à quelqu'un si tel était le cas. Les responsabilités doivent être exercées avec un grand sens de la justice, et les fruits du travail équitablement redistribués. À défaut, le risque d'oppositions, voire de révolte, serait majeur.
***Suggestion :*** ne soyez pas trop réservé·e, mais sachez garder la bonne distance. Évitez tout autant le paternalisme que le copinage. Rapprochez-vous des personnes qui sont sur la même longueur d'onde que vous pour gagner en efficacité. Grâce aux qualités qui vous sont propres, votre individualité continuera à être reconnue. Échanges et partages ne feront que l'enrichir.

## DÉCLINAISON FINANCIÈRE

L'amélioration de vos finances repose sur votre capacité à entretenir des relations honnêtes et sincères avec votre réseau : associés, partenaires, collaborateurs, clientèle, banquier, etc.
***Suggestion :*** restez solidaire et droit·e. Les maîtres-mots sont : émulation, parole tenue, reconnaissance, échanges, « retour d'ascenseur ». Ne tombez pas pour autant dans le copinage, mais sachez sortir de votre réserve. N'hésitez pas à aller de l'avant, à prendre des risques, dès lors que chacun y trouve son compte. En appliquant ces principes, vous devriez constater une belle évolution de vos finances.

## POUR ALLER PLUS LOIN

Avez-vous la certitude que les propos que vous avez relayés étaient toujours bien fondés ?

# 9 XIAO CHU, LE POUVOIR D'APPRIVOISEMENT DU PETIT

*Trigrammes constitutifs : le trigramme inférieur est qian (le créateur, le ciel) et le trigramme supérieur est xuan (le doux, le vent).*

***Impuissance, retenue, remise en question.***

6. Savoir se reposer et apprécier les petits acquis.
5. Union sincère et loyauté renforcent.
4. Ajustements et restauration de la confiance bénéfiques.
3. Risque de rupture, communication enrayée.
2. Pause temporaire ou marche arrière de bon augure.
1. S'écouter, emprunter une voie connue.

## SENS GÉNÉRAL

*Xiao chu* indique une situation de limitation dans laquelle il vaut mieux réfréner son envie d'agir. La précipitation, l'affolement, les actions dispersées sont des attitudes dangereuses. C'est le temps de la retenue et du rappel à l'ordre : privilégiez une introspection créative.

## DÉCLINAISON AFFECTIVE

*Xiao chu* promet des heures meilleures à qui sait patienter. Vous pourriez avoir tendance à vouloir brûler les étapes, à partir dans tous les sens. En couple, si vous vous trouvez à bout d'arguments, c'est peut-être que vous n'êtes pas dans le bon tempo. Votre partenaire chemine à son

rythme, trop le ou la bousculer pourrait mettre votre histoire en péril : peut-être lui reste-t-il des choses à régler.
Si vous êtes célibataire, pourquoi effrayer les personnes qui vous attirent avec une approche trop offensive ? Séduire à tout-va ne permet pas de construire une relation pleine et durable, mais expose à des déconvenues successives. Vous n'avez pourtant aucune raison de vous inquiéter !
***Suggestion :*** favorisez l'introspection. Votre agitation traduit peut-être un malaise personnel qui n'appartient ni à l'autre ni à votre couple. Faites confiance à votre partenaire qui chemine à son rythme. Laissez-lui le temps d'élaborer ses solutions et ses réponses.
Si vous êtes célibataire, n'essayez pas de forcer le destin par un esprit de conquêtes effrénées, ce n'est pas ainsi que vous montrerez la meilleure version de vous-même. Faites le point sur vos histoires passées. Vous serez, ainsi, plus à même d'identifier vos besoins, mais aussi ce que vous pouvez apporter dans une relation. Soyez à l'écoute de vos ressentis, et si vous pensez avoir rencontré votre *alter ego*, privilégiez une approche douce, laissez tomber les masques de la séduction.

## DÉCLINAISON PROFESSIONNELLE

Votre désir légitime d'ascension professionnelle pourrait vous brouiller la vue et occasionner des erreurs. Êtes-vous certain·e de votre orientation ? Ce poste correspond-il vraiment à vos compétences et à vos aspirations ? Tout ne semble pas se dérouler forcément comme vous le souhaitez. Agir en force ou de façon trop agressive pourrait vous porter préjudice.
***Suggestion :*** confortez vos acquis. Privilégiez la politique des petits pas pour faire apprécier votre valeur. N'hésitez pas à vous former si certaines compétences vous font défaut. Attendez le moment opportun pour faire valoir vos qualités avec modestie. Choisissez tranquillement vos interlocuteurs, identifiez vos alliés potentiels. Attachez-vous à les convaincre en douceur. Avec l'aide du temps et des événements, ils

seront les meilleurs avocats de la réussite professionnelle qui vous est promise.

## DÉCLINAISON FINANCIÈRE

*Xiao chu* décrit un contexte où tout mouvement financier doit être empreint de prudence et de modération. L'heure n'est ni aux grosses dépenses ni à l'augmentation des revenus. En la matière, le *statu quo* et la tempérance sont de mise, faute de quoi votre équilibre matériel serait menacé. Les obstacles rencontrés si vous entreprenez des actions risquées seront autant de signaux d'alerte. Cet hexagramme indique la sobriété financière, et des investissements modestes mais fiables pourraient vous assurer une belle stabilité à terme.
***Suggestion :*** privilégiez les investissements qui ont fait leurs preuves, évitez coups d'éclat et martingales. Sécurisez votre trésorerie, différez les dépenses importantes. Professionnellement, ne lâchez pas la proie pour l'ombre, même si l'on vous promet des revenus alléchants. Gérez « bourgeoisement » !

## POUR ALLER PLUS LOIN

Avez-vous remarqué l'efficacité de chacun de vos actes les plus infimes dès lors qu'ils ont été posés au moment opportun ?

# 10 LU, LA MARCHE

*Trigrammes constitutifs : le trigramme inférieur est dui (le joyeux, le lac) et le trigramme supérieur est qian (le créateur, le ciel).*

***Démarche avec respect du protocole, application des règles.***

6. Une analyse soigneuse augure une suite prometteuse.
5. Avancer en force est déconseillé.
4. Peur suite à imprudence, mais retournement positif.
3. Surestimation de ses capacités néfaste.
2. Isolement et concentration seront profitables.
1. Avancer simplement.

## SENS GÉNÉRAL

Face à la violence soudaine que l'on a déclenchée par inadvertance, *lu* invite au calme et à la mesure. La prudence et le respect du protocole permettront de sortir de ce mauvais pas sans dommages.

## DÉCLINAISON AFFECTIVE

Avec cet hexagramme, on pourrait dire familièrement que vous avez un peu « foncé à l'aveuglette ».
En couple, quelque chose dans votre attitude ou dans vos actions a pu froisser votre partenaire. Votre projet n'était pas de le blesser, vous avez plutôt parlé trop vite, commis des maladresses ou été provocateur·rice. Le résultat pourrait être une vraie colère ou une brouille sérieuse. Tout ceci est passager, mais vous met à mal.

Si vous êtes célibataire, votre fougue peut jouer contre vous. Vous pourriez enchaîner les bévues ou encore vous dévoiler trop vite puis le regretter ensuite. Vos interlocuteurs ont besoin de temps pour se laisser apprivoiser. Vous possédez pourtant toutes les qualités susceptibles de les séduire.

***Suggestion :*** *Iu* invite à ne pas reculer devant les difficultés passagères de votre couple. Vous les avez d'ailleurs certainement déclenchées vous-même, juste par empressement ou par manque de discernement. Désormais, c'est à vous de faire en sorte que le cours de votre histoire reprenne de façon harmonieuse ; pour cela, procédez avec tact et délicatesse. Respectez les étapes, mettez les formes, surprenez votre *alter ego* par de jolies attentions. Comme il est question ici de marche, un voyage ou un déménagement pourraient être salutaires, gardez-le à l'esprit.

Si vous êtes célibataire, cet hexagramme vous demande d'être compréhensif·ve et patient·e, car vous pourriez avoir affaire à une personne sensible ou fragilisée par une histoire passée. N'en demandez pas trop, n'allez pas trop vite : ce cœur tendre ne demande qu'à être apprivoisé.

## DÉCLINAISON PROFESSIONNELLE

Une mutation professionnelle pourrait être profitable, car source de progression. Changement de région ou juste de service ? Cet hexagramme indique que votre ascension est en cours. Elle n'est cependant pas forcément de tout repos, car des embûches peuvent encore jalonner votre parcours. Ne pas empiéter sur le domaine d'autrui est le principal point de vigilance.

***Suggestion :*** pour parvenir à votre objectif, respectez les un·e·s et les autres, sachez être prudent·e dans vos choix et dans vos actes. Il y a certainement des étapes à franchir et des procédures hiérarchiques à respecter. Ne froissez personne. Ne cédez pas à la facilité du piston. En agissant avec discernement et rectitude, vous bénéficierez de tous les appuis nécessaires, et vos projets seront couronnés de succès.

## DÉCLINAISON FINANCIÈRE

Cet hexagramme décrit une vie matérielle encore modeste, mais dans une dynamique ascendante, à condition de rester simple et de maintenir un équilibre. Les relations courtoises et la diplomatie favorisent la bonne marche de vos affaires. Des objectifs clairement définis sont également déterminants pour assurer votre réussite dans ce domaine.
***Suggestion :*** lisez les petites lignes des contrats avant de signer. Gardez-vous de toute opération financière risquée. Si vous vous êtes déjà engagé·e dans une voie hasardeuse, trouvez la meilleure façon de vous en extraire, dans le respect des règles. C'est tout à fait possible. Les craintes ne doivent pas vous paralyser. Il n'y a pas lieu d'être timoré·e, soyez prudent·e. Pour progresser avec vos finances, prenez des décisions sages et avancez.

## POUR ALLER PLUS LOIN

Avez-vous remarqué combien, en certaines circonstances, le respect du protocole et des règles a servi vos projets ?

# 11 TAI, LA PAIX

**Mars – Levant - Est**

*Trigrammes constitutifs : le trigramme inférieur est qian (le créateur, le ciel) et le trigramme supérieur est kun (le réceptif, la terre).*

***Fluidité, courant porteur, bien-être.***

6. Ne pas agir, l'environnement n'est plus sécurisé.
5. Garder une attitude respectueuse.
4. Une attitude constante attire le respect.
3. Onde porteuse, reconnaissance pour qui persévère.
2. Assumer ses responsabilités sera fructueux.
1. Avancer et progresser.

## SENS GÉNÉRAL

La situation est fluide, *tai* propose juste de suivre le mouvement. La progression est facilitée, les rapports harmonieux, les collaborations fructueuses, le courant porteur. Concourez à cette harmonie.

## DÉCLINAISON AFFECTIVE

*Tai* désigne un moment idyllique où tout n'est que « luxe, calme et volupté ».

Amour et entente règnent sur la vie des couples. Ces derniers s'attachent à franchir des étapes et à consolider leur union.

Les célibataires, quant à eux, peuvent compter sur la rencontre qu'ils attendaient depuis toujours. Elle pourrait transformer leur vie et lui faire prendre une nouvelle direction.

***Suggestion :*** goûtez pleinement ce moment béni pour votre couple. Prenez le temps d'imaginer sereinement la suite de votre histoire. Tout est facilité, le moment est donc propice pour mettre en œuvre vos projets communs et envisager votre relation dans la durée. Souvenez-vous cependant que l'amour a besoin d'être nourri pour grandir et perdurer. Si vous êtes célibataire, protégez votre nouveau bonheur, laissez-le se renforcer avant de le partager avec votre entourage. Prenez soin de cette histoire naissante, ne vous reposez pas sur vos lauriers.

## DÉCLINAISON PROFESSIONNELLE

Cet hexagramme décrit un climat de progression professionnelle qui s'opère sans à-coups, comme une suite logique donnée à votre investissement et aux rapports harmonieux que vous avez établis au travail (avec vos collègues, votre hiérarchie, vos clients, vos conseillers ou votre banquier, selon votre statut).
***Suggestion :*** vous méritez cette expansion actuelle, mais veillez à maintenir le climat propice qui l'a permise. Gardez la tête sur les épaules, souvenez-vous des efforts passés : il n'est pas si aisé de maintenir sa position dans un environnement instable et ouvert (ambition des un·e·s, concurrence des autres, etc.).

## DÉCLINAISON FINANCIÈRE

Tout est relatif et doit être rapporté à votre situation personnelle, mais on peut réellement parler de prospérité. Vous récoltez les fruits de vos efforts passés.
***Suggestion :*** profitez de cette période faste pour vous offrir les jolies choses et les petits plaisirs qui vous tentent depuis longtemps. Toutefois, ne versez pas dans la prodigalité. En effet, si vous avez géré habilement vos finances, vous ne maîtrisez pas pour autant les aléas du contexte

économique global. Continuer à faire fructifier son capital, ce n'est pas de la cupidité, mais de la sagesse. Notre vie ici-bas est aussi matérielle.

## POUR ALLER PLUS LOIN

Avez-vous déjà vécu pareil sentiment de plénitude ? En quelles circonstances ?

# 12 PI, LA STAGNATION, L'IMMOBILITÉ

**Septembre – Couchant – Ouest**

*Trigrammes constitutifs : le trigramme inférieur est kun (le réceptif, la terre) et le trigramme supérieur est qian (le créateur, le ciel).*

***Le blocage, être coincé.***

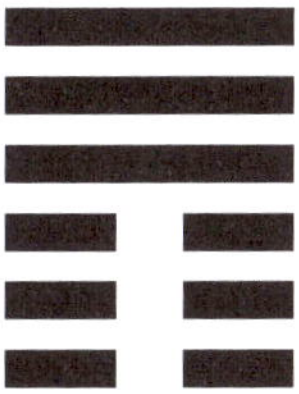

6. Les obstacles sont levés, réussite et satisfaction.
5. Apparemment coincé·e mais environnement fécond.
4. Feu vert et soutien pour agir.
3. Humiliation pour qui vise trop haut.
2. Rester modeste, il n'y aura pas de regret.
1. Savoir attendre permet un développement ultérieur.

## SENS GÉNÉRAL

Dans cette situation d'adversité, *pi* invite à ne rien tenter et à s'effacer totalement : le flux n'est pas porteur. Toute entreprise de résolution sera contre-productive. La puissance qui se trouve en face de vous vous dépasse. L'évolution se fait pas à pas. Telle une racine, on est un élément essentiel… mais pour l'instant, inutile de se fatiguer à vouloir percer la terre.

## DÉCLINAISON AFFECTIVE

*Pi* parle de frustration affective et confronte au principe de réalité. Tout ne dépend pas de nos désirs, hélas (ou heureusement !)…

En couple, votre autre ne répond pas à vos attentes et besoins actuels, ou bien encore ne partage pas votre vision de la relation. Vous remettez votre histoire en question.
Si vous êtes célibataire, les rencontres ne sont pas légion, ou elles sont décevantes, sans saveur, trompeuses.
***Suggestion :*** en couple, évitez toute initiative que vous regretteriez par la suite. Ne vous laissez pas entraîner par le chant des sirènes, vos souhaits ardents de changement vous exposeraient aux séducteurs et à des déconvenues cuisantes. Restez sincères. Mettez à profit cette période qui s'impose à vous pour faire le point sur vos désirs et vous ouvrir à d'autres plaisirs, que vous aviez oubliés ou que vous pourriez découvrir : musique, peinture, spectacles, formations, restaurants entre amis, etc. Investissez différemment votre libido plutôt que de vous exposer à des fins de non-recevoir. Reprenez votre pouvoir. Dès lors que les bonnes leçons seront tirées de la situation, cette période pourra s'avérer très bénéfique.
Si vous êtes célibataire, protégez-vous. Ne vous engouffrez pas dans une nouvelle histoire à corps perdu. Assurez-vous des intentions de la personne en face de vous. Restez lucide, vous éviterez ainsi d'éventuelles désillusions. Restez enfin suffisamment ouvert·e pour savoir reconnaître un cœur sincère.

## DÉCLINAISON PROFESSIONNELLE

Dans ce domaine, nombreux sont actuellement les écueils : flatterie, jalousie, compétition. Vous vous sentez seul·e et sans alliés sincères. Le moment n'est pas venu d'aller de l'avant, mais de sécuriser votre position, voire de vous replier en attendant des moments plus porteurs et un contexte plus sain.
***Suggestion :*** attendez votre tour, c'est tout. Ne brusquez rien ni personne. Tous les leviers d'action imaginés seraient nuisibles, et surtout contraires à vos principes de loyauté vis-à-vis de vous-même et d'autrui. Faites

confiance à l'évolution naturelle du cours des choses, et lorsque vous percevrez les petits signes avant-coureurs d'un déblocage, vous pourrez à nouveau prendre des initiatives. Mais pas avant !

## DÉCLINAISON FINANCIÈRE

Vos finances se portent mal. En tout état de cause, l'heure n'est pas au faste, c'est le moins que l'on puisse dire. Vous avez l'impression que toutes vos tentatives d'amélioration ou de solution se heurtent à des murs. Cette expression d'un talentueux comique aujourd'hui disparu n'a jamais été aussi vraie : « Dites-moi de quoi vous avez besoin et je vous dirai comment vous en passer… »

***Suggestion :*** prenez votre parti de cette situation, dont vous n'êtes pas forcément responsable, et gérez la pénurie avec philosophie. Profitez de ce moment pour remettre vos comptes à plat. Agissez en bon gestionnaire, avec patience. Réfléchissez posément à la meilleure manière de procéder pour éviter à l'avenir d'être ainsi exposé·e aux aléas et au manque de soutien de tous. Ne risquez surtout pas des difficultés plus sérieuses en recourant à des plans douteux (juridiques, par exemple) qui pourraient aggraver votre déficit. Ne tentez rien !

## POUR ALLER PLUS LOIN

Avez-vous déjà ressenti pareil sentiment d'impuissance ? En fait, tout se réagençait pour un nouvel essor, sans que vous ayez à agir.

13

# TONG REN, LA COMMUNAUTÉ AVEC LES HOMMES

*Trigrammes constitutifs : le trigramme inférieur est li (ce qui s'attache, le Feu) et le trigramme supérieur est qian (le créateur, le ciel).*

***Collaboration, interdépendance.***

6. L'union a ses limites, pas de regret à avoir.
5. L'union conduit au triomphe.
4. La médiation est favorable.
3. L'offensive fourbe est vouée à l'échec.
2. Le groupe doit s'ouvrir, sinon échec.
1. Plus fort dans l'union qu'isolé·e.

## SENS GÉNÉRAL

Dans cette situation de confrontation à l'altérité, la complémentarité est source de succès. *Tong ren* invite à être actif au sein d'un groupe, à y prendre sa juste place, à affirmer son point de vue dans le respect d'autrui, sans préjugés. L'intérêt individuel est étroitement lié à l'intérêt commun.

## DÉCLINAISON AFFECTIVE

Si vous êtes en couple, l'heure est aux échanges respectueux, à la confrontation constructive des points de vue. Vous n'êtes pas forcément d'accord sur tout, peu importe, c'est ce qui constitue la richesse et fait la force de votre union. Vos affinités sont bien plus importantes qu'il n'y

paraît parfois, et vous partagez des intérêts communs. On pourrait dire que, de manière générale, vous « faites équipe ».
*Tong ren* nous parle d'union légale. Ainsi pour les célibataires, une rencontre marquante est dans l'air et pourrait déboucher sur un mariage.
***Suggestion :*** restez soudé·e·s pour toutes les décisions importantes et face à autrui. Votre couple en sortira consolidé, et vous rayonnerez à deux. N'hésitez pas à soutenir votre autre s'il ou elle traverse une période difficile : vous savez que vous pourriez compter sur lui ou sur elle si la situation était inverse.
Si vous êtes célibataire, ne vous arrêtez pas forcément à votre première impression, vos points communs sont bien plus nombreux qu'il n'y paraît.

## DÉCLINAISON PROFESSIONNELLE

Votre vie professionnelle traverse une période prospère, comme si vos intérêts s'emboîtaient avec ceux d'autrui : clients, confrères, collègues, collaborateurs, etc. Vous partagez les mêmes valeurs. Votre absence d'égoïsme et votre largeur d'esprit vous ouvrent des portes. L'union vous permet la réalisation de projets ambitieux. Les temps sont propices au développement d'entreprises ou de projets en lien avec le progrès social ou le bien-être collectif.
***Suggestion :*** profitez de ce contexte porteur pour développer vos projets dans un esprit de solidarité et d'altruisme. L'intérêt de votre entreprise est étroitement lié aux intérêts particuliers des un·e·s et des autres. Respectez la place et les demandes légitimes des un·e·s et des autres.

## DÉCLINAISON FINANCIÈRE

Votre vie matérielle est au beau fixe, dans un contexte général d'essor. Votre prospérité est étroitement liée à celle d'autrui.

***Suggestion :*** dans toute négociation, assurez-vous que les intérêts financiers de vos interlocuteurs sont ménagés : vous ne pourrez continuer à prospérer qu'à cette condition. Dans un système complexe, les relations d'interdépendances sont fortes, il faut s'en souvenir lorsque des décisions sont à prendre.

## POUR ALLER PLUS LOIN

Vous aviez raison. N'était-ce pas juste le reflet de votre subjectivité et de vos désirs ?

# 14 DA YOU, LE GRAND AVOIR

*Trigrammes constitutifs : le trigramme inférieur est qian (le créateur, le ciel) et le trigramme supérieur est li (ce qui s'attache, le Feu).*

***Réalisation, accomplissement, prospérité.***

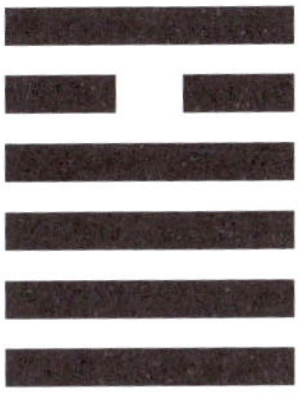

6. L'inspiration galvanise les réalisations.
5. La confiance permet la réalisation de chacun.
4. Ne pas mettre ses acquis en avant.
3. Favoriser l'essor de tous permet de progresser.
2. Charge de travail importante, y aller !
1. Rester à l'écart pour éviter les écueils relationnels.

## SENS GÉNÉRAL

*Da you* nous signifie que le temps de la réalisation est venu. Il s'agit d'en saisir les prémisses et d'accompagner, avec résolution et discernement, le flux vital porteur en vue de l'accomplissement total.

## DÉCLINAISON AFFECTIVE

*Da you* décrit des temps d'épanouissement sentimental.
Il n'y a aucune ombre au tableau de votre histoire : votre couple est protégé et vous vivez un grand amour remarqué.
Si vous êtes célibataire, vous bénéficiez vous aussi de cette période protégée et lumineuse qui voit vos vœux exaucés. Soit votre célibat ne vous pèse pas et vous profitez pleinement de cette indépendance choisie, soit vous désirez rencontrer « votre autre » et c'est ce qu'il advient. Dans

ce dernier cas, la personne est de qualité, et aussi amoureuse que vous. Votre relation peut s'épanouir au grand jour, vous êtes libres l'un·e et l'autre et recevez, si nécessaire, l'assentiment de votre entourage.
***Suggestion :*** pour assurer la pérennité de votre amour, gardez confiance en vous et en votre partenaire. La meilleure façon d'y parvenir est de ne pas être trop fusionnel·le ni possessif·ve. Profitez de ce bel équilibre pour vous intéresser à autrui. Céder aux inquiétudes sourdes devant tant de bonheur pourrait compromettre inutilement la suite.
Si vous êtes célibataire, au moment de la rencontre, la peur de l'échec serait le grand danger : elle pourrait vous conduire à une attitude trop possessive. Ayez confiance en vous, en l'autre, et savourez ce qui arrive.

## DÉCLINAISON PROFESSIONNELLE

Vous vous trouvez dans une période d'expansion professionnelle, avec des retombées financières. Vos compétences et vos initiatives passées sont couronnées de succès et vous dotent d'une certaine aura. On vous confie des responsabilités, un poste plus prestigieux.
***Suggestion :*** votre réputation est due à votre mérite, n'essayez pas de l'élever au-dessus de vos capacités, mais veillez à la maintenir : elle est votre plus grand patrimoine. Sachez aussi apprécier cet accomplissement qui vient, il est tellement plaisant.

## DÉCLINAISON FINANCIÈRE

Le risque avec cet hexagramme solaire serait de dépenser votre argent dans des biens clinquants ou encore d'engager des frais superflus. Cet hexagramme invite à réfléchir sur la notion d'« avoir ». Ici, l'usage et la valorisation des biens possédés priment sur leur valeur monétaire.
***Suggestion :*** évitez toute tentation d'afficher un train de vie qui ne correspondrait pas à ce que vous êtes. N'hésitez pas à être généreux lorsque c'est opportun, l'avarice est mauvaise conseillère. Continuez à

gérer votre argent avec sagesse, c'est bien grâce à cette attitude passée que l'opulence frappe à votre porte aujourd'hui.

## POUR ALLER PLUS LOIN

Puisque vous avez pris les mesures nécessaires, avez-vous à craindre le manque d'argent ?

# 15 QIĀN, L'HUMILITÉ

*Hexagrammes constituants : le trigramme inférieur est gen (l'immobilisation, la montagne) et le trigramme supérieur est kun (le réceptif, la terre).*

***Modestie, retenue, simplicité.***

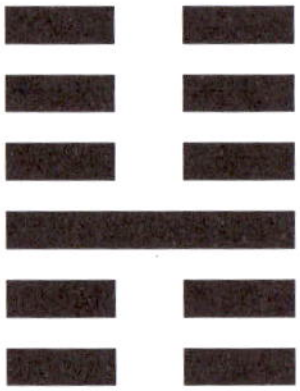

6. Exercer son autorité, discipline nécessaire.
5. Humilité n'est pas complaisance, il faut agir.
4. Grâce à la modération, toute action est bénéfique.
3. Rester modeste malgré son succès.
2. Rester modeste, égal à soi-même procure reconnaissance.
1. Se lancer avec simplicité donne ouverture.

## SENS GÉNÉRAL

Face au succès, *Qiān* invite à la modestie. Agir sans hardiesse et entretenir des relations harmonieuses avec l'entourage, y compris les plus puissants, favorisent une plus grande réussite. La simplicité est de mise.

## DÉCLINAISON AFFECTIVE

Tandis que tout souriait à votre relation et que vous vous y épanouissiez, elle semble désormais « tourner en rond ». Un sentiment de frustration vous traverse régulièrement. Votre partenaire n'en est pas forcément responsable.

Les rencontres se font rares pour les célibataires qui ont la sensation de traverser un désert affectif. C'est provisoire, car votre gentillesse attire l'attention.
***Suggestion :*** que vous soyez en couple ou en solo, c'est à vous d'agir. Provoquez le dialogue et prenez des initiatives. Ces dernières seront appréciées dès lors qu'elles se feront avec diplomatie et douceur. En couple, n'attendez pas tout de votre partenaire, il vous appartient également de faire des propositions, et surtout de les mettre en pratique pour relancer la relation. Voyages, soirées amoureuses, activités communes ou projets d'envergure : vous avez le choix !
Si vous êtes célibataire, vous savez être charmant·e : créez maintenant des opportunités de rencontre, que ce soit au travail ou lors de sorties plus nombreuses. N'hésitez pas à utiliser les réseaux sociaux ou les sites spécialisés, vous pourriez y faire de jolies rencontres, basées sur de réelles affinités, car vous aurez pris le temps d'échanger.

## DÉCLINAISON PROFESSIONNELLE

Vous pourriez vous perdre dans des atermoiements et des craintes inutiles. La procrastination et les ruminations vous desservent. Si vous attendez le moment idéal selon vous pour vous lancer, vous pourriez voir passer de nombreux trains sans jamais embarquer. Vous en seriez amèrement déçu·e, alors qu'il ne tient qu'à vous qu'il en soit autrement !
***Suggestion :*** il est peut-être temps d'agir. Dès lors que vous êtes aligné·e avec vous-même et loyal·e avec votre entourage professionnel, vos initiatives sont récompensées. Faites-vous confiance et faites confiance aux tiers côtoyés.

## DÉCLINAISON FINANCIÈRE

Rares sont les élu·e·s pour lesquel·le·s l'argent « fait des petits » tout seul ! Vous en prenez conscience et décidez de reprendre vos finances en main.

***Suggestion :*** vous avez les relations et les compétences nécessaires pour augmenter vos revenus. La balle est dans votre camp ! Allez chercher l'information là où elle est, documentez-vous, échangez et allez de l'avant. Candidatez pour un poste plus rémunérateur, faites des placements judicieux et ne laissez pas dormir votre argent. Investissez pour vous, si c'est possible, plutôt que de verser un loyer à quelqu'un. Votre entourage vous suivra dès lors que vos intentions seront louables.

## POUR ALLER PLUS LOIN

Parfois trop timide, parfois trop hardi·e, ces deux faces d'un même ego vous ont déjà porté préjudice. Vous en souvenez-vous ?

# 16 YU, L'ENTHOUSIASME

*Trigrammes constitutifs : le trigramme inférieur est kun (le réceptif, la terre) et le trigramme supérieur est chen (l'éveilleur, le tonnerre).*

***Satisfaction, confiance en soi, précipitation.***

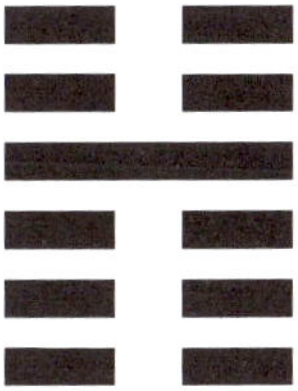

6. L'enthousiasme a mené trop loin : « redescendre sur terre ».
5. Trop de satisfaction ou de fébrilité s'avère nuisible.
4. La confiance inspirée créera le ralliement.
3. Des choses à changer, sinon regrets à terme.
2. Savoir attendre son heure portera ses fruits.
1. L'autosatisfaction dessert.

## SENS GÉNÉRAL

La situation n'est pas aussi favorable qu'il y paraît. La satisfaction n'est pas bonne conseillère, elle empêche d'être lucide et peut conduire à la négligence. Il convient de réfréner tout emballement, de canaliser son énergie, pour se préparer à une action ordonnée qui permettra d'avancer.

## DÉCLINAISON AFFECTIVE

Emporté·e par votre élan amoureux et votre enthousiasme, vous pourriez avoir une vision idéalisée de la situation de votre couple. Peut-être ne percevez-vous pas un léger décalage chez votre partenaire. Peut-être encore ne voyez-vous pas les embûches ou les blocages qui se présentent sur la voie du bonheur complet. Certain·e·s, tellement heureux·ses d'une

réconciliation ou d'un retour, pourraient oublier un peu vite que tout n'est pas réglé.
Si vous êtes célibataire, vous faites des conquêtes et avez l'impression que tout est possible. Méfiez-vous des illusions. Les personnes en face de vous possèdent-elles vraiment toutes les qualités que vous leur attribuez ? Des feux de paille sont possibles dans le domaine amoureux ; vos élans peuvent aussi effrayer.
***Suggestion :*** en couple comme en solo, conservez un minimum de recul et de réserve afin de profiter pleinement de cette période de passion. Sans pour autant porter un masque, il convient peut-être de ne pas se dévoiler totalement : c'est la meilleure façon d'entretenir la flamme. Essayez de conserver un tant soit peu votre discernement, restez à l'écoute de votre petite voix intérieure, mais aussi des signaux subliminaux que vous envoie votre entourage. Rien ne presse pour prendre des décisions importantes.

## DÉCLINAISON PROFESSIONNELLE

Votre secteur d'activité est en ébullition. Les un·e·s et les autres sont enthousiastes. Tout comme la laitière de Jean de La Fontaine, ils pourraient confondre rêves et réalité, fantasmant de gros profits. Il est également possible que vous-même soyez tenté·e de tout révolutionner au travail ou dans votre carrière. Des propositions alléchantes et flatteuses peuvent vous être faites.
***Suggestion :*** honneurs ou opulence, il est totalement légitime de vouloir goûter aux retombées du succès. *Yu* invite cependant à ne pas être totalement transporté par cette joie. Réjouissez-vous, mais gardez « la tête froide ». Appréciez les honneurs tout en restant humble et discret. Profitez du mouvement porteur, mais veillez à la stabilité. Voilà résumés les défis de cet hexagramme !

## DÉCLINAISON FINANCIÈRE

Tous les indicateurs économiques personnels et globaux sont « au vert ». Une offre d'emploi vous est faite après une période de chômage, vos revenus semblent promis à la hausse, vos biens immobiliers prennent de la valeur, la bourse vous sourit, un nouveau cadre juridique pourrait soutenir vos projets, mais… Mais votre « bon sens », soutenu par votre intuition, vous invite à la réserve et à la discrétion.
***Suggestion :*** votre sagesse budgétaire, imperméable aux engouements du moment, pourrait vous mettre à l'abri de bien des désillusions. Profitez de cette période faste pour investir dans des valeurs sûres, il sera toujours temps de vous faire plaisir une fois l'agitation retombée. Vous pourrez alors évaluer plus clairement la situation. Même si votre entourage a une vision différente de la vôtre, restez sur votre ligne : prudence. Au moment critique, tous vous seront reconnaissants de ne pas avoir cédé à l'euphorie ambiante.

## POUR ALLER PLUS LOIN

Dans l'euphorie, vous vous êtes déjà laissé entraîner par les circonstances. Avez-vous eu à vous en réjouir ?

17

# SU, LA SUITE

*Trigrammes constitutifs : le trigramme inférieur est chen (l'éveilleur, le tonnerre) et le trigramme supérieur est dui (le joyeux, le lac).*

***Engagement, entraînement, fidélité, opportunité, sincérité.***

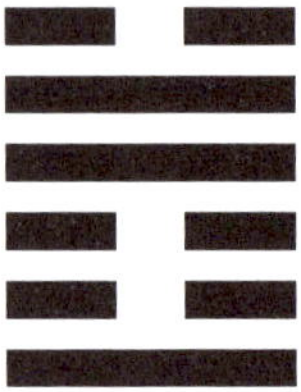

6. Les qualités personnelles apportent un appui de qualité.
5. Loyauté et idéal permettent la réalisation.
4. Le discernement est nécessaire pour progresser.
3. Être sélectif avec son entourage.
2. Œuvrer à bien s'entourer.
1. Échanges et ouverture dans le respect de vos principes.

## SENS GÉNÉRAL

Dans ce mouvement porteur, *su* invite à persévérer, à suivre la direction qui nous est indiquée et à s'insérer avec confiance. Saisissez les opportunités sereinement. La fidélité et l'engagement sont favorisés. Il convient d'entraîner ou de se laisser entraîner.

## DÉCLINAISON AFFECTIVE

Votre couple semble très soudé. Votre engagement mutuel vous porte vers de nouveaux projets, les opportunités se présentent à vous et vous les saisissez. Déménagement, union officielle, grossesse… tout ce qui ressemble à une suite est favorisé.

Si vous êtes célibataire, le contexte est aux rencontres. Vous êtes naturellement séduisant·e et pourriez être vous-même séduit·e, et ce, sans masques ni artifices, juste tel·le que vous êtes. Cet hexagramme montre un contexte où l'on est fidèle à soi-même et dans l'acceptation de l'autre tel qu'il est. On est bien simplement parce que les essences se correspondent.

***Suggestion :*** dans ce domaine comme dans les autres, la constance et la psychologie sont de mise. Sachez mettre un peu d'eau dans votre vin quand c'est nécessaire. Favorisez une approche douce pour convaincre. Choisissez la fidélité aussi, à vous, à votre partenaire, à vos objectifs communs. Accompagnez sereinement le mouvement actuel.

Si vous êtes célibataire, sachez bien vous entourer, élaguez les personnes toxiques, contraires à vos principes ou mauvaises conseillères. Le moment venu, une personne « faite pour vous » se présentera, et vous serez naturellement emmené·e vers un engagement de qualité. Il suffira de savoir s'adapter, juste un peu…

## DÉCLINAISON PROFESSIONNELLE

*Su* indique que votre insertion professionnelle est facilitée. Vous êtes porté·e par le mouvement ambiant et ne rencontrez aucun obstacle majeur. Il suffit de faire confiance aux propositions qui vous sont faites. Votre loyauté est récompensée. Cet hexagramme invite parfois à être un guide pour autrui, à faire en sorte que votre suite soit assurée, à transmettre votre savoir ou vos compétences. « La suite » ne signifie pas que vous devez rester en retrait ou en seconde ligne, ne vous méprenez pas. D'ailleurs, certaines traductions nomment cet hexagramme « la chasse ».

***Suggestion :*** la progression ne se fait pas sans vous, elle implique des décisions, des choix conformes à votre essence et vos valeurs. Ne résistez pas à l'appel des circonstances. On pourrait dire que des opportunités se présentent à vous parce que vous êtes suffisamment « éveillé·e » pour les voir, ou même parce que vous les avez impulsées. À vous de transformer l'essai tout en restant fidèle à vos engagements. À vous peut-être aussi d'entraîner avec vous votre entourage. Ne résistez pas.

## DÉCLINAISON FINANCIÈRE

Le contexte général change certainement : augmentation ou baisse des revenus. Vous-même ou quelqu'un de votre entourage proche pourriez réaliser une belle vente immobilière ou toucher un héritage. Tout à l'inverse, subir des revers de fortune ou perdre un emploi est également possible.
***Suggestion :*** *su* invite à s'adapter à un contexte nouveau ou changeant. Revoyez vos dépenses à la baisse, si nécessaire, sans vous en sentir affecté·e, en modifiant par exemple certaines habitudes de consommation. Épargnez davantage pour préparer de beaux projets, si au contraire vos revenus augmentent.

## POUR ALLER PLUS LOIN

Vous vous êtes surpris à échanger avec des personnes inhabituelles. Cela a-t-il été fructueux ?

# 18 GU, LE TRAVAIL SUR CE QUI EST CORROMPU

*Trigrammes constitutifs : le trigramme inférieur est xuan (le doux, le vent) et le trigramme supérieur est gen (l'immobilisation, la montagne).*

***Diagnostic, soin, réparation.***

6. Possibilité de se consacrer désormais à une noble cause.
5. Reconnaissance et gratification pour avoir su régler les problèmes.
4. Avancer sans avoir réglé les problèmes mène « dans le mur ».
3. Il n'y aura pas de regret à soigner ce qui doit l'être.
2. Ne pas corriger trop brutalement les choses, sinon échec.
1. Opérer des transformations intelligentes.

## SENS GÉNÉRAL

Dans cette situation ou cet état qui se dégrade, *gu* invite à différer projets et actions. Il s'agit là de réfléchir à ce qui dysfonctionne, à l'extérieur ou en soi, puis de le corriger, voire de le soigner. Ensuite, sur des bases assainies, il sera possible de prendre de nouvelles initiatives très profitables.

## DÉCLINAISON AFFECTIVE

Une impression de stagnation et d'ennui « plombe » votre couple. Peut-être vous sentez-vous l'un·e et l'autre prisonniers d'une certaine routine. Votre besoin de confort ou de sécurité n'est certainement pas étranger au « pourrissement » lent de votre relation : il vous a fait oublier l'essence et la joie de votre rencontre et de votre histoire. Les nouveaux projets à deux sont rares, ne vous enthousiasment pas ou semblent se heurter à un mur.

Si vous êtes célibataire, il vous est difficile de vous libérer du joug du passé. Vous pourriez être en proie à des ruminations et vous enfermer dans des regrets ou des remords. Vous pourriez aussi penser qu'aucune rencontre n'en vaut la peine et loger tous les partenaires potentiels à la même enseigne. Vous pourriez aussi avoir la sensation, avec la montagne qui constitue partiellement cet hexagramme, de vous trouver face à des murs d'indifférence.

***Suggestion :*** en couple, *gu* invite à l'introspection. Avez-vous une part de responsabilité dans ce qui a mené votre vie sentimentale dans cette forme d'impasse ? Quels changements personnels, de perspective ou d'attitude opérer pour vous en sortir ? La situation n'est pas irrémédiable. Votre capacité à imaginer et créer les circonstances d'un renouveau est toujours présente. Dans un premier temps, agissez tranquillement, en douceur. Il suffit parfois de peu de chose, par exemple créer une ambiance : éteignez la lumière et allumez un chandelier. Oubliez tout le travail qui vous attend pour être pleinement dans l'instant présent avec votre autre.

Si vous êtes célibataire, soyez attentif·ve à ne pas répéter les scénarios d'échec qui vous ont amené·e à de nombreuses déceptions et au découragement. Faites confiance à la vie et laissez leur chance aux rencontres qui arrivent. N'imaginez pas le pire en réactivant des émotions liées à de mauvaises expériences antérieures. Prenez des risques mesurés et sortez de vos sentiers battus.

## DÉCLINAISON PROFESSIONNELLE

En persistant à ignorer les nombreux signaux d'alerte qui vous sont envoyés, vous courez à la catastrophe. Vous ou bien votre organisation avez multiplié les erreurs en ignorant les évolutions du contexte, qu'elles soient technologiques, juridiques ou économiques…
***Suggestion :*** il est urgent de marquer une pause pour analyser les effets de vos décisions et ce qui fait qu'elles n'ont pas toujours été heureuses. Modifiez vos vieux réflexes, sortez de vos contradictions, formez-vous. Provoquez un audit si vous avez des responsabilités, mettez en place une veille stratégique. Réformez clairement les bases de votre action, sans pour autant brusquer qui ou quoi que ce soit. *Gu* précise que les changements doivent être radicaux, mais s'opérer en douceur. C'est peut-être la fameuse main de fer dans un gant de velours…

## DÉCLINAISON FINANCIÈRE

Vous pourriez vous mettre dans un sacré « pétrin » si vous ne reprenez pas votre situation financière en main. Vous avez certainement été trop négligent·e, voire dépensier·ère.
***Suggestion :*** une analyse complète de vos comptes s'impose. Il est temps d'honorer vos dettes puis de revoir votre train de vie pour repartir sur des bases saines et sécures, plus conformes à vos revenus. Vous pouvez aussi envisager d'augmenter ces revenus en cherchant, par exemple, un poste plus rémunérateur ou en acceptant de nouvelles responsabilités. Pour certain·e·s, vendre un bien devenu inutile et trop coûteux peut aussi être la réponse. Si cet hexagramme oblige à regarder en face une situation périlleuse, il donne aussi les cartes pour y faire face sans trop de douleur.

## POUR ALLER PLUS LOIN

Certains comportements répétitifs vous freinent. Avez-vous pris le temps de les identifier et de les comprendre ?

19

# LIN, L'APPROCHE

**Février**

*Trigrammes constitutifs : le trigramme inférieur est dui (le joyeux, le lac) et le trigramme supérieur est kun (le réceptif, la terre).*

***Influence, ralliement, métamorphose.***

6. Réaliser désormais ce qui inspire dans un esprit de générosité.
5. Une autorité sage s'exerce avec bienveillance.
4. Vous avez votre place dans la hiérarchie.
3. Approche équivoque, prudence requise.
2. Les initiatives sont heureuses.
1. Inciter modestement, peut-être par l'exemple.

## SENS GÉNÉRAL

Un renouveau se présente à vous. *Lin* vous invite à exercer une influence mesurée, respectueuse, prudente. Il est possible d'entraîner autrui, dans une démarche intégrative, pour saisir cette occasion.

## DÉCLINAISON AFFECTIVE

Si vous êtes en couple, un mariage, une grossesse ou une naissance ne sont pas à exclure. Cet hexagramme évoque une évolution constructive. Les occasions d'avancer sont nombreuses et vous placent souvent face à des choix marquants pour votre union. Tout ceci advient dans un climat optimiste qui peut vous porter à la légèreté.

Si vous êtes solo, *Lin* signe une période amoureuse où tous les espoirs sont permis. Vous êtes séduisant·e, et des personnes qui vous séduisent se présentent à vous. Il faut dire que les circonstances sont propices aux rencontres. Si vous avez traversé une période de disette affective, elle est derrière vous. L'heure est au renouveau sentimental. Vous pourriez croiser enfin la personne qui fera vibrer votre cœur, et ce pour longtemps.

***Suggestion :*** l'avenir de votre couple est placé sous de très bons auspices. Chassez ruminations et idées noires, et réjouissez-vous. Prenez les petites initiatives nécessaires tout en restant respectueux du bien-être et du point de vue de votre partenaire. La sincérité et la prise en considération de votre *alter ego* sont gages de réussite. Avec cet hexagramme, le bonheur de l'un·e dépend du bonheur de l'autre. Le concept d'harmonie prend ici toute sa signification.

Si vous êtes célibataire, la légèreté ambiante et votre facilité à faire des rencontres ne doivent pas vous empêcher de rester lucide. Faire montre de maturité dans vos échanges, quand cela s'avère nécessaire, favorisera des relations durables et constructives.

## DÉCLINAISON PROFESSIONNELLE

*Lin* est le symbole même de l'évolution. Vous pouvez ainsi compter sur une période riche en événements positifs : propositions de travail, signatures de contrats, promotions… Que vous fassiez des démarches ou que l'on vienne à vous, nombreux sont les motifs de satisfaction. Vous pouvez recevoir des honneurs ou voir votre pouvoir ou vos revenus augmenter. Autant d'éléments qui vous réjouissent…

***Suggestion :*** dans ce contexte où la progression semble aisée, il est cependant nécessaire de ne pas vous lancer tête baissée dans tous les projets qui peuvent se présenter à vous. *Lin* invite toujours à garder la tête froide. Faites preuve de discernement, écoutez votre petite voix intérieure. Gardez présent à l'esprit que le succès ne peut advenir au détriment d'autrui, et qu'il se partage.

## DÉCLINAISON FINANCIÈRE

L'expansion est à l'ordre du jour. Vos revenus augmentent, qu'ils soient professionnels ou liés à des placements. On pourrait vous faire des propositions lucratives. Si vous vendez un bien, vous n'avez aucun mal à trouver acquéreur. Si au contraire vous souhaitez investir, de belles occasions se présentent à vous. Dans tous les cas, les transactions se font à votre avantage. On peut parler de prospérité !
***Suggestion :*** face à ce foisonnement d'opportunités, *Lin* invite à garder la tête froide. Le diable peut se cacher dans les détails : ne vous précipitez pas, puisque vous avez le choix ! Avant de signer, lisez bien les petites lignes des contrats. Restez exigeant·e sur les conditions financières qui vous sont proposées. Ce n'est pas parce que tout semble facile qu'il faut devenir négligent ou dispendieux. Enfin, profitez de ce mouvement porteur en veillant bien à ce que personne ne se sente lésé. Tout un chacun doit s'y retrouver !

## POUR ALLER PLUS LOIN

Vous avez porté assistance à autrui. Qu'avez-vous éprouvé ?

# 20 GUAN, LA CONTEMPLATION, LA VUE

**Octobre**

*Trigrammes constitutifs : le trigramme inférieur est kun (le réceptif, la terre) et le trigramme supérieur est xuan (le doux, le vent).*

***Observation objective, prise de hauteur, lucidité.***

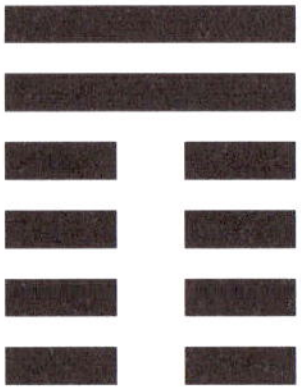

6. L'heure est à la prise de recul, elle bénéficiera à tous.
5. L'estime de soi est suffisante pour accueillir les critiques.
4. Accepter volontiers une protection extérieure éclairée.
3. Le regard d'autrui permet une prise de conscience.
2. Pour l'instant, juste élargir sa vision des choses.
1. D'abord se contenter de poser un regard ingénu.

## SENS GÉNÉRAL

C'est l'heure de la prise de conscience et du bilan. *Guan* invite à prendre de la hauteur et peut-être à changer de perspective. Observer les personnes expérimentées ou qui ont plus de responsabilités peut se révéler bénéfique. Il est possible que vous soyez vous-même observé·e. Le temps n'est pas à l'action, le moment viendra.

## DÉCLINAISON AFFECTIVE

*Guan* vous rend plus sensible, plus éveillé·e.
L'entente avec votre partenaire est plus subtile, vous vous comprenez à demi-mot. Ce peut être aussi un moment d'introspection où vous faites le point sur ce que vous attendez de votre relation amoureuse, un peu comme « un point d'étape » avant d'aller plus loin.
Quant aux célibataires, une relation amicale pourrait se transformer en amour. Les échanges de plus en plus nombreux révèlent vos affinités. Vous ressentez l'un·e et l'autre le besoin de passer du temps ensemble : sous le charme et avec l'envie d'en savoir toujours plus, votre intimité prend un tour nouveau… Les rencontres adviennent tout autant dans le monde réel que dans le monde virtuel, une simple photo de profil ou une devise pouvant susciter la curiosité. Vous pourriez aussi être épié·e sur les réseaux sociaux ou vous livrer vous-même au « stalking ».
***Suggestion :*** en couple, prenez le temps de vous reconnecter à vous-même pour mieux vous positionner dans la relation. Soyez attentif·ve aux signaux envoyés par votre partenaire, ils ne sont pas neutres. Ne vous attachez pas systématiquement à ce qui peut être qualifié de « détails » sans importance, *Guan* a tendance à agir comme une loupe grossissante. Sachez prendre du recul sur ce qui mérite d'être relativisé. Revenez-en à l'essence de votre relation.
En solo, c'est peut-être le moment d'envisager différemment une relation ancienne. Peut-être faites-vous l'objet d'attentions que vous n'aviez pas remarquées auparavant ; il est temps de vous dévoiler davantage.

## DÉCLINAISON PROFESSIONNELLE

C'est le moment d'être attentif·ve à vos affaires : en effet, certains détails jusqu'alors invisibles vous apparaissent. Vous êtes capable de changer de perspective. Votre perspicacité est aiguisée. Il peut également être

question de voir « plus loin ». Des propositions d'emploi ou des contrats en lien avec l'étranger pourraient être à considérer avec intérêt.
***Suggestion :*** cet hexagramme invite à observer pour mieux comprendre. Analyser la situation actuelle à l'éclairage des faits passés est un préalable à la prise de décision ; prendre du recul l'est également. C'est aussi le moment de surveiller la concurrence, car il y a peut-être des ajustements à opérer dans vos pratiques ou vos tarifs. Parallèlement, il est important de protéger vos données, qui pourraient être très exposées et faire l'objet de convoitise. De manière générale, il y a intérêt à se mettre en veille et à être attentif·ve à tout ce qui se révèle, à élargir son angle de vue ou à considérer d'autres points de vue.

## DÉCLINAISON FINANCIÈRE

Des projets nécessitant un certain investissement mobilisent vos pensées. Est-ce le moment d'agir, ou convient-il de différer ? Vous possédez tous les éléments nécessaires pour alimenter votre réflexion : l'enseignement tiré de situations déjà vécues, la visibilité sur vos finances, une vraie capacité à envisager tous les cas de figure. *Guan* décrit une période où le moment est venu de mettre à profit tous ces atouts pour éclairer la décision à venir.
***Suggestion :*** avant de souscrire à un emprunt ou d'effectuer des dépenses importantes, prenez le temps de considérer vos réels besoins. Vos projets sont-ils en cohérence avec vos possibilités financières ? Pour le savoir, une revue scrupuleuse de vos comptes est nécessaire. Prenez la précaution de mesurer l'impact de chacune de vos décisions avant de passer à l'acte.

## POUR ALLER PLUS LOIN

Avez-vous pris le temps d'analyser les grands événements de votre existence ? Lui ont-ils donné un sens ? Avez-vous désormais des modèles ?

# 21

# SHI HE, MORDRE AU TRAVERS

*Trigrammes constitutifs : le trigramme inférieur est chen (l'éveilleur, le tonnerre) et le trigramme supérieur est li (« ce qui s'attache », le Feu).*

***Trancher, affronter la réalité, détermination, fermeté.***

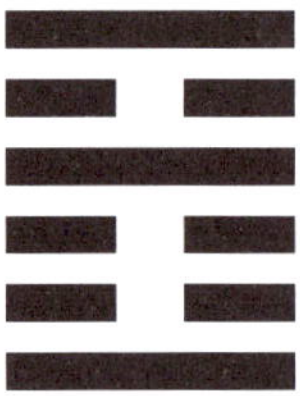

6. Sourd, on est allé trop loin, la sanction tombe et nous stoppe.
5. S'en tenir à sa réussite, corriger lucidement ce qui doit l'être.
4. Réussite annoncée grâce à la persévérance.
3. L'action rencontre des difficultés, en tenir compte.
2. Une entrave, une surveillance permet de retenir un élan aveugle.
1. Une surveillance, un handicap évite un mauvais départ.

## SENS GÉNÉRAL

Le temps est venu d'en finir avec ce qui est disharmonieux, douteux ou illusoire. Maintenant que l'objectif est défini, débarrassez-vous de ce qui entrave, que ce soit en vous ou autour de vous. Il est bon ici d'agir avec détermination : *shi he* invite à trancher, à tailler dans le vif, à aller au fond des choses… C'est le prix de la révélation du meilleur en soi, en autrui et dans la situation.

## DÉCLINAISON AFFECTIVE

Votre couple est exposé à des turbulences. Des énergies tierces tentent une déstabilisation : rumeurs, tentatives de séduction, etc. Vous pourriez aussi avoir la désagréable sensation que votre partenaire vous dissimule quelque chose. En résumé, on pourrait dire que les occasions de conflits sont nombreuses et qu'une certaine dégradation altère votre lien. Par chance, *shi he* vous donne les moyens de remédier à cette situation délétère.

Si vous êtes célibataire, les débuts d'une histoire prometteuse pourraient se voir entachés par des médisances ou des jalousies. Il est également possible que l'un·e de vous deux n'ait pas encore tout réglé de son passé ou ne soit pas complètement sincère sur sa situation. Cet hexagramme fait savoir que vous disposez des arguments et de l'énergie nécessaires pour dissiper le trouble de la situation et développer votre relation sur des bases saines et joyeuses.

***Suggestion :*** que vous soyez célibataire ou en couple, vous êtes invité·e à une clarification rapide et sans concession. N'ayez pas la main qui tremble s'il s'agit de défendre vos droits ou votre réputation, car vous possédez la légitimité dont vous avez besoin pour le faire. Afin d'éviter un envenimement de la situation, ne différez pas les mesures qui s'imposent. Tranchez pour éviter toute dégradation, tout pourrissement. Soyez confiant·e dans cette entreprise, car cet hexagramme recèle « le remède et la guérison ». Dès lors que vous agissez sans faiblir et dites ce que vous avez à dire, vous pouvez être assuré·e du retour des beaux jours.

## DÉCLINAISON PROFESSIONNELLE

Il se peut que certains de vos interlocuteurs ne soient pas d'une honnêteté exemplaire ou bien encore que vos collègues, collaborateurs, associés et autres fassent preuve de déloyauté à votre égard. Votre hiérarchie, pour d'obscures raisons, tente peut-être de vous déstabiliser. Il peut s'agir aussi de concurrents s'efforçant de nuire à votre réputation tout en affichant le masque de bonnes relations ou de la solidarité. Tout ceci entrave votre progression et votre réussite, ou tout au moins plombe le climat professionnel et vous mine le moral. Cet hexagramme indique qu'en agissant comme il se doit, vous pouvez compter sur un retour à la sérénité.

***Suggestion :*** vous possédez tous les atouts pour rétablir cette situation. Il suffit de prendre le problème à bras-le-corps, sans faiblir. Il n'est plus temps d'appliquer une politique de l'excuse ou de la mansuétude, oubliez la diplomatie ! Agissez promptement, mettez un terme aux manœuvres diverses en vous affirmant. Faites valoir vos principes et les lois si nécessaires. Faites remonter les dysfonctionnements, n'hésitez pas à éliminer ce qui doit l'être en restant respectueux·se de la législation : licenciement, changement d'affectation d'un collaborateur, etc. Soyez impartial·e, coupez tout lien avec les personnes toxiques ou à l'origine des désagréments…

## DÉCLINAISON FINANCIÈRE

Il y a de fortes probabilités pour que votre entourage contribue à vous mettre dans une situation financière délicate. Un conjoint est trop dépensier, vous vous êtes porté·e caution d'une personne indélicate, un associé peu respectueux des lois mène votre entreprise droit dans le mur ou vous expose personnellement. Votre bonté et votre aversion du conflit vous soufflent de patienter, pourtant il faut désormais réagir sans atermoiements !

***Suggestion :*** *shi he* vous invite à faire preuve de détermination et de fermeté. Votre bon sens et votre intégrité sont vos meilleurs atouts, et vous possédez les arguments juridiques nécessaires si besoin. Aucune solution « boiteuse » ne doit être acceptée. S'il le faut, faites appel à un homme de loi. En cas de dissension, refusez tout arrangement ! Si vous recevez une proposition d'association avec des zones d'ombre, fuyez !

## POUR ALLER PLUS LOIN

Il n'a pas toujours été facile de faire valoir votre point de vue ou de rompre avec des situations toxiques. Quel personnage en vous était à l'œuvre ? Quelle peur ?

# 22 BI, LA GRÂCE

*Trigrammes constitutifs : le trigramme inférieur est li (« ce qui s'attache », le Feu) et le trigramme supérieur est gen (l'immobilisation, la montagne).*

***Respect des formes, mise en valeur, aura.***

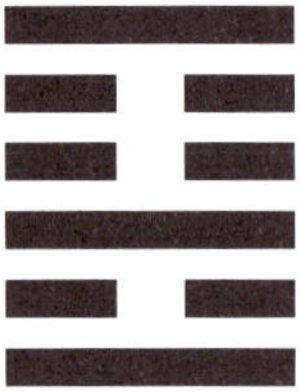

6. Rester simple, n'éclipser personne.
5. Des apparences modestes mais harmonieuses seront bénéfiques.
4. Rechercher l'harmonie en soi et avec autrui.
3. Accorder l'apparence à ce que l'on est, et persévérer.
2. Soigner juste son maintien sans ostentation.
1. Se montrer modestement tel que l'on est.

## SENS GÉNÉRAL

L'avancée de la situation repose sur ses apparences et sur sa visibilité : embellir l'extérieur, mettre en valeur et se mettre en valeur permet la progression. Il ne s'agit pas de futilité, mais d'une adéquation entre le dedans et le dehors, qu'il ne faut pas négliger. On parle de « communication » dans le sens de « se rendre désirable ».

## DÉCLINAISON AFFECTIVE

C'est le moment de jouir pleinement du bonheur sans faille qui s'annonce.
Votre couple, jusqu'alors quelque peu anesthésié par un quotidien sans surprise, ne demande qu'à renouer avec le feu de la passion. Quelque

chose dans l'air attise le désir et vous donne des ailes à tou·te·s les deux. Vous vous redécouvrez plus séduisant·e que jamais !
Si vous êtes célibataire, vous êtes resplendissant·e ! Vous savez vous mettre parfaitement en valeur. Votre charme et votre beauté opèrent et vous rendent irrésistible. Nombreux sont celles et ceux qui leur succombent, et pourtant vous pourriez ressentir une forme de solitude. Parmi toutes vos rencontres, il y en a une qui est promise à un avenir radieux. En effet, *bi* annonce l'arrivée dans votre vie d'une personne sachant aller au-delà des apparences. Celle-ci vous permettra de révéler votre beauté intérieure et comblera tous vos vœux.
***Suggestion :*** quel que soit votre statut amoureux, cet hexagramme invite à soigner les apparences ; on pourrait dire ici que votre beauté extérieure est le reflet de votre belle âme.
Si vous êtes en couple, cet hexagramme vous invite à surprendre votre partenaire. Révélez votre beauté et votre sensualité, créez des situations inédites. Mettez du piment dans votre relation et sortez des routines qui, peu à peu, étouffent vos sentiments. Pour perdurer, tout lien a besoin d'une part de magie : celle-là même qui vous a fait fantasmer l'un·e sur l'autre au moment de votre rencontre.
En solo, restez authentique sans oublier que pour avoir l'occasion de révéler vos belles qualités, il faut préalablement susciter l'envie de vous aborder. Vos atours sont donc à soigner. Il s'agit, en fait, d'opérer un savant dosage entre mise en valeur de votre aspect et expression de votre « profondeur ». À cette condition, un tri providentiel s'opérera. Les personnes futiles, à la recherche d'un « trophée sentimental », céderont naturellement la place à l'élu·e de votre cœur. Vous saurez reconnaître ce·tte dernier·ère au premier regard.

## DÉCLINAISON PROFESSIONNELLE

Les circonstances sont extrêmement favorables. Vos projets sont porteurs, approuvés et portés : tout est facilité. Même vos erreurs ou vos

faux pas sont pardonnés, oubliés, ou passent inaperçus. Votre situation professionnelle vous donne donc toute satisfaction, et vous avez bien raison d'en profiter pleinement. Aucune ombre au tableau, mais un seul risque : celui de trop vous reposer sur vos lauriers.
***Suggestion :*** pour que cette bénédiction perdure, continuez à porter de l'intérêt à vos activités, et surtout valorisez vos compétences, vos résultats, vos produits. Actualisez votre communication. Ne négligez aucun support ni média. Soignez le conditionnement de vos articles, agencez avec soin vos vitrines et showrooms. Évitez les fautes de goût. Si vous souhaitez profiter du climat porteur pour évoluer dans vos fonctions, mettez à jour votre CV ou votre book, si vous en avez un. Avec *bi,* la forme est aussi importante que le fond.

## DÉCLINAISON FINANCIÈRE

Vous jouissez d'une réelle aisance financière. Elle vous attire les bonnes grâces de vos interlocuteurs, qui vous font des propositions. Vous pourriez aussi investir dans un bien de caractère, une jolie propriété, de belles pierres, une œuvre d'art. Tout élément visant à embellir votre cadre de vie doit retenir votre attention. Sachez également qu'avec *bi,* vous n'êtes pas à l'abri d'un don, d'un legs ou d'une belle rentrée d'argent !
***Suggestion :*** cet hexagramme invite à entretenir la prospérité, à ne pas se laisser « anesthésier » par le bien-être. Vous pouvez certes profiter de votre « fortune », mais veillez sur elle en l'alimentant par des actions continues. Ne cessez pas d'entreprendre. Évitez l'ostentation… sans rien négliger des apparences. Tout investissement (petit ou grand) visant à améliorer votre aspect personnel ou celui de vos biens est à favoriser : nouvelle coupe de cheveux, relooking, soins esthétiques pour vous, ou rénovation de votre appartement. Autant de dépenses, dans la limite du raisonnable, dont vous aurez à vous féliciter.

## POUR ALLER PLUS LOIN

Avez-vous déjà eu l'impression que tout était aligné et que vous l'étiez vous-même ? Qu'avez-vous ressenti ?

# 23 BO, L'ÉCLATEMENT

**Novembre**

*Trigrammes constitutifs : le trigramme inférieur est kun (le réceptif, la terre) et le trigramme supérieur est gen (l'immobilisation, la montagne).*

***Risque d'effondrement, usure.***

6. L'essentiel a été préservé, l'homme fort peut redémarrer.
5. Malheur apparent : aide et ressources trouvées.
4. Rien n'est réglé, blocage irrémédiable de la situation.
3. Abattement, il suffit de l'accepter.
2. Ce qui ruine les efforts doit être identifié.
1. Identifier d'abord ce qui sape votre action.

## SENS GÉNÉRAL

La situation se dégrade de façon irrémédiable et pesante. En vertu du principe d'impermanence, rester au sommet ou en l'état n'est pas possible… Élaguez ce qui fatigue, revenez à une place plus modeste, freinez la progression pour éviter la désintégration. Tenir à bout de bras n'est plus souhaitable. Pensez à la suite.

## DÉCLINAISON AFFECTIVE

Votre vie amoureuse souffre d'une grande lassitude.
De trop nombreuses déconvenues, des obstacles et des frustrations ont fini par ternir votre histoire. Tout ceci affecte votre moral, et vous

avez désormais du mal à « y croire ». Un conjoint est infidèle ou jaloux, borderline, pris dans des addictions ; l'entourage est hostile, les difficultés diverses…
Vous n'y pouvez rien, et ce n'est pas faute d'avoir fait des efforts pour résister et porter votre relation. Ces derniers se sont avérés vains, et pour vous « la coupe est pleine ». *Bo* représente symboliquement ce qui est sur le point de céder sous la pression, ce qui ne tient plus qu'à un fil. L'heure est donc désormais au lâcher-prise. À cette condition, l'avenir vous réserve des heures beaucoup plus heureuses : soit le renouveau de votre relation sur des bases assainies, soit une nouvelle histoire.
Si vous êtes célibataire, cet hexagramme indique que la période n'est pas propice à une nouvelle histoire. Les rencontres n'aboutissent à rien de satisfaisant : les caractères ne s'ajustent pas ou les personnes ne sont pas fiables. Si toutefois il y avait un engagement, ce serait avec une personne fragile et vous auriez à la porter. Il se peut aussi que vous-même sortiez d'une relation qui vous a usé·e ; il est prioritaire que vous retrouviez votre bel équilibre. Ce moment de vide résulte de lois immuables qui font se succéder les périodes riches et les périodes de disette affective. Après un temps de retrait, des jours meilleurs vous souriront à nouveau.
***Suggestions :*** votre vie sentimentale doit passer par une période de repos émotionnel. En l'occurrence, le mental n'est d'aucun recours : laissez filer. Dans ce contexte, un retour à vos racines, une retraite, un éloignement ou plus simplement un temps d'isolement avec des activités qui vous ressourcent peuvent s'avérer salutaires. Soyez patient·e, ne précipitez rien et faites du temps votre allié, laissez faire le « timing divin ». De manière générale, favorisez l'esquive. La barque de vos émotions est déjà bien chargée, ne vous exposez à rien qui puisse s'apparenter à une nouvelle pression.
En couple, refusez d'entrer dans un jeu conflictuel, favorisez la souplesse…

Si vous êtes célibataire, vous l'avez bien compris, évitez de vous engager. Ne vous risquez à aucune nouvelle histoire, car vous n'êtes pas en état d'apprécier les situations ou les personnes.

## DÉCLINAISON PROFESSIONNELLE

Ce déclin, paradoxalement nécessaire et libérateur, est inexorable. Il succède à une période lors de laquelle vous avez soit endossé trop de responsabilités soit fait face à des situations complexes ou pesantes, et ce, sans véritable gratification à la clé. Le moment n'est plus celui de la persévérance ou de l'endurance, c'est celui du lâcher-prise. La période n'est pas favorable et vous n'y pouvez rien. Vous êtes juste entraîné·e par la loi naturelle des cycles : vie, mort et renouveau. Des temps meilleurs se profilent, soyez-en assuré·e.
***Suggestion :*** face aux épreuves et aux événements, soyez flexible comme le roseau et évitez l'acharnement. N'entreprenez rien de nouveau, allégez-vous plutôt de tout ce qui vous coûte trop ou pourrait vous mener directement au burn-out : un emploi énergivore, des collaborateurs peu investis, un chef tyrannique, une activité déficitaire, etc. Acceptez les événements tels qu'ils se présentent et suivez leur cours. Laissez l'usure du temps faire son travail, ne vous exposez plus. Laissez mourir. Une fois cette situation soldée, vous retrouverez toutes vos possibilités d'action.

## DÉCLINAISON FINANCIÈRE

Des tracas matériels plus ou moins sérieux sont possibles. L'équilibre de vos finances ne tient plus qu'à un fil. Des dépenses imprévues vous mettent peut-être « dans le rouge ». Cette situation périlleuse, qui n'est pas forcément de votre fait, occasionne soucis et insomnies. Ce contexte personnel, mais aussi collectif, correspond à la fin d'un processus : vous serez prochainement soulagé·e et dans l'amorce d'une période plus faste. Alors patience…

***Suggestion :*** pour l'heure, il est clair qu'il convient de ne rien entreprendre qui nécessiterait de souscrire un prêt ou de faire un quelconque investissement. La générosité n'est pas davantage de mise. Assurez-vous que les biens sauvés sont hors d'atteinte. Les traits de cet hexagramme vous invitent au retrait ; il ne s'agit ni d'avarice ni de frilosité, mais de bons sens. Affirmez cette position face aux personnes insistantes ou qui vous feraient miroiter des châteaux en Espagne. Attendez des jours meilleurs, ils ne manqueront pas de revenir.

## POUR ALLER PLUS LOIN

Laisser mourir est si naturel… Pourquoi avoir lutté ?

# 24 FU, LE RETOUR, LE TOURNANT

**Janvier**

*Trigrammes constitutifs : le trigramme inférieur est chen (l'éveilleur, le tonnerre) et le trigramme supérieur est kun (le réceptif, la terre).*

***Ressourcement, retournement favorable, régénération.***

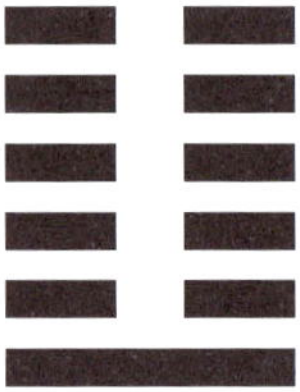

6. Aveuglement, attitude qui mène au désastre.
5. Être totalement présent à soi-même, ne rien regretter.
4. Nouveau départ qui se prend sans s'encombrer d'anciennes relations.
3. Précipitation néfaste, rebrousser chemin.
2. Ménager un temps de pause, un retour au calme.
1. Des possibilités, mais ne pas se précipiter.

## SENS GÉNÉRAL

Situation où l'on est aux prises avec des aspirations d'émancipation et de sécurité, apparemment paradoxales, mais toutes deux essentielles. Un cycle se termine, *fu* invite à se ressourcer pour mieux aborder le renouveau, qui sera positif. Il faut peut-être faire marche arrière pour éviter le point de non-retour, retrouver ses repères et préparer la suite.

## DÉCLINAISON AFFECTIVE

Vous tournez enfin le dos à une période sentimentale difficile et semblez renouer avec le bonheur. Si la relation avec votre autre a connu des heures pour le moins compliquées, les tourments sont désormais derrière vous. Les énergies tierces se sont tues, les malentendus se sont dissipés. Les sentiments toujours présents ont permis de restaurer une communication tendre et constructive. Désir et sensualité renaissent de leurs cendres, pouvant même vous conduire vers d'intenses plaisirs inédits.

Si vous êtes célibataire, une personne du passé toujours chère à votre cœur refait surface. Ce retour se fait spontanément, sans que vous ayez à forcer les choses. Ce qui vous avait séparé·e·s peut se clarifier, et tout est à nouveau possible, même si tout est à reprendre sur des bases « amendées ». L'avenir de cette histoire ressemblera à ce que vous en ferez. Il peut s'agir aussi, mais plus rarement, d'une nouvelle rencontre marquante qui rebat les cartes de votre vie sentimentale. Dans tous les cas, *fu* ne garantit rien, mais offre une nouvelle chance de bonheur avec une personne qui vous correspond.

Quel que soit votre statut amoureux, espérances et enthousiasme connaissent un renouveau. Votre vie sentimentale est revivifiée ; de belles émotions, riches et intenses, vous sont promises avec un réel épanouissement à la clé.

***Suggestion :*** *kun*, le trigramme supérieur, montre qu'il ne faut rien précipiter, mais au contraire privilégier réceptivité, compréhension et souplesse. Laissez les choses se rétablir naturellement et progressivement. Les sentiments permettent d'aplanir les différends anciens s'il y en avait. S'il s'agit d'une personne nouvelle, les liens se tissent lentement, mais sûrement. Ne brusquez rien, le temps est votre allié dans l'édification de nouvelles bases amoureuses. Que vous soyez déjà lié·e ou solo, saisissez cette chance d'un nouveau départ en sachant vous remettre en question si nécessaire. Favorisez la souplesse et la compréhension : clarifiez les non-dits, vous n'aurez pas à le regretter. Et si votre histoire part ou repart en douceur, soyez assuré·e d'une évolution harmonieuse et romantique.

## DÉCLINAISON PROFESSIONNELLE

Après une période difficile de déconvenues ou de stagnation, vous êtes à nouveau pris dans un mouvement ascensionnel. Des propositions vous sont faites. Peut-être avez-vous aidé des personnes par le passé, et celles-ci, reconnaissantes, désormais vous « renvoient l'ascenseur ». Il est possible que ces opportunités nécessitent des remises en question ou vous demandent de faire certaines concessions. Peu importe ! les événements jouent à nouveau pour vous, et ce, dans le sens d'une reconstruction sur de nouvelles bases.
***Suggestion :*** regardez bien ce qui vient à vous. Ne négligez aucune proposition, même si certaines vous bousculent un tant soit peu ou vous mènent en terrain inconnu. Ne résistez pas en vous « accrochant aux branches », vous passeriez à côté d'une belle occasion d'évoluer. Ne précipitez rien, laissez venir et suivez le mouvement.

## DÉCLINAISON FINANCIÈRE

Si vous avez traversé une période financière compliquée, voici venue la sortie du tunnel. Quelque chose dans l'air semble signaler le retour de plus d'aisance. Sans que vous ayez à fournir d'efforts, des opportunités se présentent. Les trigrammes constitutifs de *fu* décrivent un mouvement spontané de progression matérielle : une vente attendue se réalise ; la banque vous fait une offre de prêt intéressante ; une action en justice se conclut enfin en votre faveur, et des indemnités vous sont versées. Une augmentation vous est accordée ou vous touchez une belle prime. À votre plus grand soulagement, la roue a enfin tourné !
***Suggestion :*** veillez encore un minimum au contrôle de vos dépenses, malgré la remise à flot de votre budget. Même si ces nouvelles sont réjouissantes et vous permettent de souffler, gardez à l'esprit qu'il s'agit pour vous d'un redémarrage. Évitez toute précipitation. Reconstituez votre trésorerie pour repartir sur des bases matérielles consolidées

et ménagez ainsi votre avenir. C'est progressivement que vous allez retrouver une réelle prospérité.

## POUR ALLER PLUS LOIN

Vous pensiez que tout était fini, alors que tout se réagençait. Votre intuition vous le soufflait, pourtant.

# 25 WU WANG, L'INNOCENCE, L'INATTENDU

*Trigrammes constitutifs : le trigramme inférieur est chen (l'éveilleur, le tonnerre) et le trigramme supérieur est qian (le créateur, le ciel).*

***Laisser-faire, spontanéité, surprise.***

6. Trop de confusion, aucun intérêt à agir.
5. La situation s'arrange toute seule.
4. Se faire confiance, saisir les opportunités.
3. L'adaptation est préférable à l'anticipation.
2. Les résultats sont obtenus sans labeur, la voie est toute tracée.
1. Désintéressement et spontanéité portent chance.

## SENS GÉNÉRAL

Les possibilités et les opportunités sont multiples, les événements vont s'agencer d'eux-mêmes pour contribuer à l'essor personnel. *Wu wang* invite à ne rien attendre de précis, à être spontané et dans l'accueil de ce qui se met en marche en dehors de soi. Bannissez calculs et intentionnalité. Mettez de côté croyances, vision du monde, ego.

## DÉCLINAISON AFFECTIVE

Si vous êtes en couple, *wu wang* vous invite à rester vous-même. Vous pouvez laisser parler vos sentiments sans masque et vivre pleinement l'instant présent, sans crainte. Goûtez cette belle harmonie qui vous

relie l'un·e à l'autre. Votre intuition est la seule boussole qui vaille. Votre mental ne vous est d'aucun secours, et les conseils avisés de votre entourage reposent sur des critères rationnels qui vous éloignent de votre autre. Les plans sur la comète peuvent attendre !
Si vous êtes célibataire, cet hexagramme invite à l'authenticité et à la spontanéité. Grâce à ces qualités, votre charme opère facilement auprès de personnes ayant de vraies affinités avec vous. Vos intuitions et votre nature sincère occasionnent de jolies rencontres et vous préservent des fâcheux·ses qui pourraient affecter votre belle âme. Le chemin vers votre bonheur sentimental se trace ainsi sans détours.
***Suggestions :*** préservez votre couple en faisant fi des avis des un·e·s et des autres, et ne laissez personne s'immiscer dans votre histoire. Votre sincérité conduit naturellement votre relation là où il est juste qu'elle aille. Si vous êtes à la recherche de l'âme sœur, vous pouvez aborder cette période avec confiance et sérénité. Suivez simplement les élans de votre cœur pour être assuré·e d'une grande embellie dans votre vie sentimentale.

## DÉCLINAISON PROFESSIONNELLE

Une belle énergie vous anime. Les portes s'ouvrent naturellement et de nombreuses opportunités se présentent à vous, dans votre carrière ou dans votre recherche d'emploi. Vous ne le devez qu'à votre naturel et à votre spontanéité. Votre intuition vous guide assurément vers celles qu'il faut saisir. Une fois sur les rails, utilisez instinct et positivité pour progresser et parvenir aux résultats attendus. Avec cet hexagramme, le mental n'est d'aucune aide, au contraire ses atermoiements et ruminations diluent votre chance.
***Suggestion :*** favorisez l'épanouissement personnel avant toute chose, cette attitude sera la clé de votre réussite professionnelle. Si vous sentez que quelque chose « coince », alors n'insistez pas ! Ce qui est juste pour vous se déroule simplement et sans pression. Suivez vos seules intuitions

et laissez de côté les « bons » conseils d'autrui. Vous êtes le·la magicien·ne de votre vie !

## DÉCLINAISON FINANCIÈRE

Votre personnalité désintéressée et éloignée de tout calcul vous attire les bonnes grâces de l'univers. Une source d'argent régulière et inespérée vient alimenter votre escarcelle. La chance est au rendez-vous. Bien entendu, vous n'êtes pas complètement étranger·ère à cette bénédiction, elle vient récompenser votre capacité à prendre des décisions conformes à vos intuitions. Vous savez saisir l'air du temps et agir en fonction, et voir où cela vous mène.

***Suggestion :*** acceptez et transformez positivement les belles surprises qui viennent à vous. Laissez parler votre instinct et votre cœur, ils sont vos meilleurs talismans.

## POUR ALLER PLUS LOIN

Vous êtes-vous récemment laissé·e aller à ne rien attendre ni prévoir ? Avez-vous remarqué les « effets magiques » de cette attitude ?

# 26 DA SHU, LE POUVOIR D'APPRIVOISEMENT DU GRAND

*Trigrammes constitutifs : le trigramme inférieur est qian (le créateur, le ciel) et le trigramme supérieur est gen (l'immobilisation, la montagne).*

***Se laisser guider, capacités mises à l'épreuve, obstacles.***

6. Voie sinueuse menant à la réussite.
5. La retenue est préférable à l'offensive.
4. Canaliser son énergie apporte le succès.
3. Avancer vers son objectif en restant vigilant.
2. Les liens et échanges se sont détériorés.
1. Danger, attendre un meilleur moment pour agir.

## SENS GÉNÉRAL

Face à l'accomplissement, mais aussi à la pression qui l'accompagne, *da shu* invite à rester modeste et à accepter d'être guidé·e. Le temps est peut-être venu de développer d'autres dimensions de soi comme la coopération ou l'empathie. Sortir de sa zone de confort et des schémas répétitifs contribue à l'évolution. Empruntez de nouvelles voies.

## DÉCLINAISON AFFECTIVE

Votre couple est dans une phase d'accomplissement. Ce que vous avez tenté de construire à deux a pris forme. Affectivement, vous êtes en phase. Matériellement, on pourrait dire que vous avez atteint

vos objectifs : intérieur confortable, loisirs assurés, enfants sur les rails, etc. Pourtant, un certain sentiment d'insatisfaction vous ronge insidieusement. Est-ce la routine, un repli à deux, l'absence de sens ? Une forme de pression pour maintenir un modèle idéal ? La crainte d'un délitement de votre union ? Ce malaise permet des prises de conscience utiles. De ce questionnement résultera une union plus épanouie.
Si vous êtes célibataire, vous êtes installé·e dans une de sorte de train-train rassurant et confortable. Hélas ! il empêche toute possibilité de changement. Vous n'êtes ni vraiment satisfait·e ni vraiment heureux·se, et cet état pourrait perdurer si vous n'y prenez garde. Les trigrammes révèlent qu'il est grand temps pour vous de vous bouger ! Ils vous recommandent d'accorder plus d'attention à votre apparence, car une visite imprévue peut faire sonner quelqu'un à votre porte au moment où vous vous y attendez le moins.
***Suggestion :*** si vous êtes en couple, favorisez le lâcher-prise et ne laissez pas les émotions vous envahir. Dans quelque temps, vous serez plus lucide pour prendre des décisions, vous réaligner et recentrer votre union sur l'essentiel. Ce nouveau point d'équilibre vous permettra de vous ouvrir à autrui et de rayonner.
Si vous êtes solo, le temps des remises en question et du changement est venu. Fini le célibat ! Des rencontres-surprises pourraient se présenter à vous, soyez prêt·e à les transformer en une belle histoire. Pour cela, revivifiez votre mental, sortez dans des endroits jusqu'alors inédits pour vous, participez à des activités nouvelles. Actualisez votre garde-robe, retrouvez le plaisir d'être « au top » et d'en être complimenté·e.

## DÉCLINAISON PROFESSIONNELLE

Vous mesurez à quel point ce « ronron » professionnel est délétère. La routine hypothèque toute perspective de progression. Face aux difficultés et enjeux qui se présentent, vous constatez combien vos vieilles méthodes ne fonctionnent plus. Attention, danger !

***Suggestion :*** n'attendez pas que le ciel vous tombe sur la tête pour réagir et commencez à prendre vos dispositions. Pour l'instant, fourbissez vos armes : formation, créativité, anticipation, plan B, candidature, nouveau réseau. Fini la léthargie. Tout est bon pour retrouver votre motivation et donner ainsi un nouveau souffle à votre activité professionnelle comme à vos résultats. Les difficultés qui se présentent à vous ne sont pas une fatalité, mais plutôt un défi à relever pour aller vers une vraie amélioration.

## DÉCLINAISON FINANCIÈRE

*Da shu* annonce une phase délicate. Le trigramme supérieur montre la survenue d'obstacles ou d'épreuves, certes surmontables, mais qui se traduisent par plus d'insécurité et d'instabilité matérielle. Si, jusqu'alors, une forme d'aisance semblait assurée, de nombreux grains de sable viennent désormais gripper les rouages de la belle machine qui alimente vos finances.

***Suggestion :*** vous ne pouvez garder les bras croisés devant ces menaces et devez repenser vos sources de revenus. Le moment venu, vous agirez de façon mesurée tout en impulsant de vrais changements. Restez positif·ve, car cette crise passagère est l'occasion d'une nouvelle appréhension de vos finances, que ce soit en termes d'expansion ou de rapport à l'argent. Consommez en conscience. Envisagez une expansion harmonieuse.

## POUR ALLER PLUS LOIN

Qu'avez-vous ressenti lorsque vous avez dû vous en remettre à autrui ? Crainte ou soulagement ?

27

# YI, LES COMMISSURES DES LÈVRES, L'ADMINISTRATION DE LA NOURRITURE

*Trigrammes constitutifs : le trigramme inférieur est chen (l'éveilleur, le tonnerre) et le trigramme supérieur est gen (l'immobilisation, la montagne).*

***Être repu, assimiler, simplicité.***

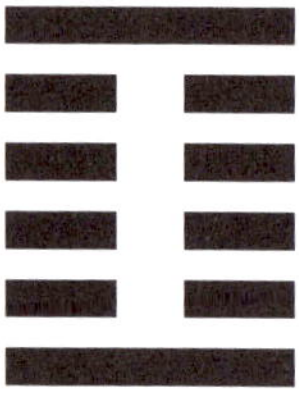

6. Avancer de façon responsable, la chance sourira.
5. Ne rien entreprendre de plus pour maintenir les acquis.
4. Possibilité d'élévation sans être gêné·e, très bon augure.
3. « Les dents sont trop longues », ne plus rien tenter pendant un certain temps.
2. Réfréner son ambition, sinon préjudice.
1. L'avidité ostensible n'attire pas la bienveillance.

## SENS GÉNÉRAL

Situation où l'on est repu de soi, de nourriture, de réussite, d'argent, d'affection, de plaisir… *Yi* signale qu'il est temps d'assimiler et de privilégier désormais la qualité : essayer d'obtenir plus serait préjudiciable. Si la frustration est mal vécue, elle est pourtant nécessaire pour éviter les dépendances ou encore les foudres de la jalousie ou de l'envie.

## DÉCLINAISON AFFECTIVE

Les trigrammes constitutifs montrent la nécessité de devoir gérer une frustration, de réévaluer ses besoins et d'éviter une forme de fuite affective en avant.

Il semblerait que vous ne soyez plus en mesure d'apprécier votre vie de couple. Cette fâcheuse tendance à l'insatisfaction affecte votre relation et pourrait bien lasser votre moitié si vous n'y prenez garde. Alors que vous êtes comblé·e, vous en demandez toujours plus : plus de présence, plus d'attention, plus de confort. Vous pourriez même être en proie à la jalousie.

Si vous êtes célibataire, votre état s'explique peut-être par trop d'attentes, d'exigences et d'impatience. Votre idéal mérite peut-être d'être reconsidéré, plus humanisé et donc plus accessible. Les personnes que vous rencontrez pourraient percevoir très rapidement une forme de pression à l'engagement et s'en effrayer. Par ailleurs, s'épancher sur les déceptions et frustrations passées n'est jamais engageant. D'autant plus qu'au regard d'autrui, vous semblez plutôt bénéficier de nombreux atouts.

***Suggestion :*** composez avec la situation actuelle. Le moment n'est pas venu de demander plus ou autre chose, l'heure est plutôt à l'assimilation de la situation, à son analyse et à son rééquilibrage.

En couple, travaillez les questions de dépendance, de fusion. Interrogez-vous sur les origines psychologiques de ce sentiment « de manque » envahissant. N'attendez pas de votre moitié qu'elle compense toutes vos failles. Privilégiez l'introspection. N'hésitez pas à prendre soin de vous, à trouver un lieu d'écoute. Apprenez à mieux vous connaître, épanouissez-vous dans des activités qui vous sont personnelles. Ce nouvel équilibre rejaillira sur votre union et éloignera tous vos doutes.

En solo, sachez apprécier votre indépendance, évitez de multiplier les rencontres. Pondérez vos attentes, laissez aux relations le temps de se développer en toute quiétude.

## DÉCLINAISON PROFESSIONNELLE

Vous n'avez pas pris garde aux excès en tous genres dans ce domaine. La croissance de votre entreprise ou de votre service s'emballe. La prise en charge de nouvelles missions est peut-être la gageure de trop. Cet hexagramme montre que vous devez faire face à de nombreuses pressions : hiérarchie, collègues, salariés, banque, organismes sociaux, clients… Tout et tous s'entendent pour vous faire imploser ! Vous ne parvenez plus à apprécier les aspects positifs de votre situation, et ce, malgré les soutiens et alliés dont vous disposez.
***Suggestion :*** face au flux incessant de sollicitations, face également à la pression que vous vous mettez tout·e seul·e, il est temps de prendre du recul. Se former, réorganiser son agenda, déléguer, ajourner parfois, sont autant de solutions qui s'avéreront salutaires. Elles ne constitueront pas une perte, mais bien un gain de temps à terme. STOP ! On réfléchit ! À l'avenir, veillez à vous trouver une soupape de sécurité, et surtout à oser dire « non ». Vous n'en serez que plus estimé·e et pourrez savourer les fruits de votre travail.

## DÉCLINAISON FINANCIÈRE

Votre situation financière vous insécurise. Les économies s'épuisent, il faut dire qu'un certain sentiment de manque vous a conduit à effectuer des dépenses compulsives : la qualité n'était pas forcément au rendez-vous, ou les produits n'étaient pas adaptés… Il a été nécessaire d'acheter et d'acheter encore, et aujourd'hui vous en êtes là. Fort heureusement, vous prenez la mesure de cette fuite en avant délétère pour vos finances.

Un renouvellement de vos ressources et de votre rapport aux biens matériels semble émerger.
***Suggestion :*** réfléchissez à vos réels besoins, à ce qui vous rend vraiment heureux et vous donne satisfaction. Ne compensez pas vos besoins affectifs et spirituels par une profusion de biens matériels. Consommez en conscience. Intéressez-vous à la qualité lors de vos achats, et ce, dans tous les domaines. Ne vous souciez pas des apparences. N'hésitez pas à prendre conseil auprès de personnes avisées ou à demander une aide passagère. Réinterrogez votre façon de gagner de l'argent.

## POUR ALLER PLUS LOIN

Avez-vous déjà connu vous cette tentation de fuite en avant ?

# 28 DA GUO, LA PRÉPONDÉRANCE DU GRAND

*Trigrammes constitutifs : le trigramme inférieur est xuan (le doux, le vent) et le trigramme supérieur est dui (le joyeux, le lac).*

***Point de rupture, dépassement, trop chargé, déséquilibre.***

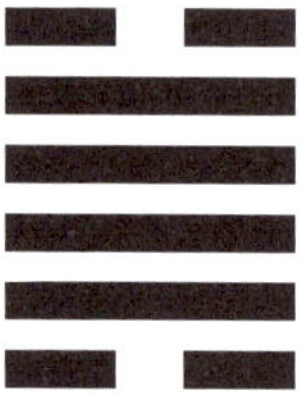

6. Submersion, passer à autre chose.
5. Le principe de réalité sonne le glas des rêves stériles.
4. La force revient, mais y aller en douceur.
3. Le fardeau est trop lourd, c'est la rupture.
2. Renouveau grâce à l'alliance de l'expérience et de la jeunesse.
1. Se préparer soigneusement et avancer simplement.

## SENS GÉNÉRAL

La situation est proche de la rupture. *Da guo* semble dire que vous êtes allé·e trop loin, que votre charge est trop lourde. Dépassez la peur qui inhibe, car il semble désormais difficile de contenir les événements. Avancer encore, bravement, semble être la solution : ne renoncez pas, ne stagnez pas, et ce sera le succès.

## DÉCLINAISON AFFECTIVE

Vous avez déployé une énergie hors du commun pour supporter votre situation affective, que vous soyez en couple ou en solo. Hélas ! la situation ne tient plus, et vous êtes épuisé·e.

Les célibataires ne supportent plus ni la solitude ni la nécessité de tout affronter seul·e·s. Les personnes déjà engagées ont l'impression de porter toutes seules la relation ou de vivre avec un partenaire inconséquent, peu impliqué, voire irrespectueux. Une certaine immaturité ou bien un sentiment amoureux à l'agonie en est peut-être la cause. Il se pourrait aussi que personne ne soit responsable de ce délitement. Dans ce cas, des visions divergentes du monde et de la vie amoureuse auront eu raison de votre lien. De manière générale, un changement est en cours, et il se fait dans la douleur, car vous avez épuisé vos forces. Il annonce cependant une nouvelle page affective, beaucoup plus épanouissante.
***Suggestion :*** en couple, le moment est venu de mettre à plat votre histoire et d'écarter ce qui ne convient plus ou tient de façon bancale. Engagez une discussion franche et posée avec votre partenaire. Soit vos sentiments sont forts et vous décidez de dépasser ensemble cette crise – dans ce cas, rien ne sera plus pareil et les bases seront tout autres –, soit vous choisissez de rompre, car ce qui vous sépare et vous frustre semble irrémédiable. Cette dernière option nécessite certainement du courage, mais vous promet une belle renaissance amoureuse. En tout état de cause, vous semblez sur le fil, toutes les communications et les actions doivent donc être menées avec mesure.
Si vous êtes célibataire, vous avez « fait le tour » de la vie en solitaire, et les plateaux de la balance penchent désormais clairement du côté de ses désavantages. Il est grand temps de vous donner toutes les chances d'une belle rencontre. Celle-ci ne saurait tarder, puisque désormais vous savez ce que vous voulez et êtes prêt·e à quelques concessions sur des points somme toute secondaires. Vous terminez un cycle, foncez vers ce qui vous attend !

## DÉCLINAISON PROFESSIONNELLE

Vous êtes assailli·e de toutes parts par les complications. Les déconvenues s'enchaînent et mettent en péril votre équilibre et votre

moral. Vous ne savez plus où puiser la force d'affronter toutes ces difficultés. Tout ceci est peut-être le signe qu'il y a quelque chose de fondamental à revoir : une orientation ? un statut ? une pratique ? une éthique ? La situation est certes paroxystique, mais le retour à l'équilibre est en germes. Il passe peut-être par un nouveau départ ou des remaniements importants dans votre vie professionnelle.
***Suggestion :*** le moment de subir est terminé, car le risque de « craquage » est important. Il est donc grand temps de prendre les décisions et les mesures imposées par la situation et par vos ressentis. Dans le cas contraire, vous vous exposeriez à des embarras et des tourments croissants.
Agissez avec audace et endurance sans perdre confiance, vous ne pouvez plus faire machine arrière. Certes, vous allez rencontrer alliés et soutiens qui vous mettront sur la voie et vous donneront des coups de pouce, mais la solution repose sur vous. Ne baissez pas les bras. Si vous négociez bien ce tournant, un nouveau départ, plus en accord avec vos réelles aspirations et qualités, est annoncé.

## DÉCLINAISON FINANCIÈRE

Il est possible que vous ayez par le passé péché par excès ou par manque de précautions. Il y a toujours quelque chose de l'ordre du déséquilibre avec cet hexagramme. Aujourd'hui, vous êtes dans une situation de manque et sur le fil du rasoir côté finances.
***Suggestion :*** soyez avant tout réaliste, le pire serait de pratiquer la politique de l'autruche. Élaguez, élaguez, élaguez encore ! Tout ce qui vous encombre ou est devenu inutile doit disparaître. Vous supportez les charges de biens dont vous n'avez plus l'usage, alors vendez-les ! Soldez les crédits lorsque c'est possible. Contentez-vous de l'essentiel, au moins le temps du redressement. Ne baissez pas les bras ! La bonne nouvelle, avec cet hexagramme, est que des actions sensées et courageuses vous permettront d'aborder le prochain cycle sur des bases matérielles

assainies. Vous préparez désormais l'avenir, ne vous attachez pas aux désagréments de la décroissance actuelle qui s'impose à vous ! Votre prospérité future est à cette condition.

## POUR ALLER PLUS LOIN

Êtes-vous parfois allé·e si loin que faire machine arrière n'était plus une option ?

# 29 KAN, L'INSONDABLE, L'EAU

*Trigrammes constitutifs : cet hexagramme est double, il se compose de la répétition du trigramme kan (l'insondable, l'Eau).*

***Englué, épreuves, danger.***

6. Enferré·e dans une situation stérile, sentiment d'isolement.
5. Les difficultés auront une issue, s'apaiser.
4. Communiquer avec sincérité et clarté.
3. Danger : une pause est nécessaire, éviter la témérité.
2. Savoir se satisfaire de petites choses est bénéfique à plus long terme.
1. Blocage provisoire, en profiter pour une prise de conscience.

## SENS GÉNÉRAL

Situation usante qui se répète et dans laquelle on s'est englué·e à cause du doute et des atermoiements. Selon *kan*, l'issue de cette épreuve repose sur des décisions moralement coûteuses qui nécessitent de l'aide autant que d'affronter ses peurs.

## DÉCLINAISON AFFECTIVE

De manière générale, cet hexagramme présage des épreuves dans votre vie affective.

Que vous soyez en couple ou solo, les ressorts de ces difficultés sont les mêmes et tiennent à l'élément Eau des deux trigrammes. L'absence de visibilité ou de vigilance peut vous conduire à faire de mauvais choix ou à porter de l'intérêt à des personnes qui ne vous correspondent pas. Ces dernières portent-elles un masque ? Êtes-vous victime de vos propres projections ? Êtes-vous victime de peurs irrationnelles ? Quelque chose génère une mauvaise appréciation de la réalité. La jalousie peut être mauvaise conseillère, par exemple. Vous pourriez aussi succomber aux belles paroles d'une personne un peu trop séductrice, ou bien encore être aveugle aux infidélités de votre autre qui petit à petit s'éloigne…
***Suggestion :*** avec l'élément Eau, la patience est toujours nécessaire, toute action précipitée est vouée à l'échec. Attendez d'être sorti·e du flou pour prendre des décisions ou faire des choix. Vérifiez vos informations, allez au bout de vos doutes pour les dissiper. Écoutez votre intuition : pour ce faire, éliminez tout le bruit mental et les ruminations qui vous font tourner en rond. Fuyez le pessimisme, il est de mauvais conseil. En couple, accordez-vous le temps de mieux comprendre ce qui arrive à votre relation, sans toutefois être passif·ve.
Si vous êtes seul·e, ne précipitez aucune rencontre, n'hésitez pas à vous désengager de toute relation naissante qui vous laisserait sceptique.

## DÉCLINAISON PROFESSIONNELLE

Vous vivez « dangereusement », la prise de risques faisant partie intégrante de votre quotidien professionnel (manipulation de produits toxiques…) : peut-être exercez-vous un métier physique ou lié à l'urgence (le sauvetage, par exemple), peut-être les risques sont-ils d'ordre financiers. Toujours est-il que vous avez su « gérer » jusqu'à maintenant, mais qu'aujourd'hui vous ou votre environnement de travail semblez exposés à une situation plus que délicate. Par distraction ou par habitude, en raison d'une appréciation erronée ou d'une surestimation de

vos possibilités, vous avez pu omettre certaines précautions. Des limites ont été dépassées.
***Suggestion :*** cet hexagramme invite à se surpasser pour contrer le péril. Pour ce faire, il est nécessaire d'attendre une ouverture et surtout une aide, de la solidarité. Ceci acquis, agissez de façon constante et par étape. Intégrez dans la recherche de solutions les expériences passées. Ne cédez en rien à la crainte. En œuvrant ainsi, vous franchirez le gouffre qui menace et, de ce fait, accéderez à une expertise qui sera reconnue.

## DÉCLINAISON FINANCIÈRE

Vous avez toujours su gérer le manque et les aléas lorsqu'ils se présentaient. Cependant, l'état de vos finances s'est soudain gâté en raison de charges imprévues ou d'une baisse soudaine de vos revenus. Vous « tendez le dos », car seul·e vous avez peu de prise sur votre situation matérielle.
***Suggestion :*** faites confiance à votre expérience et à votre sérieux pour traverser cette période délicate et trouver une solution. Prenez des contacts sans rien forcer. Votre endurance et votre persévérance, aidées par la providence, finiront par mettre sur votre route la bonne personne. Celle-ci vous aidera directement ou indirectement à renouveler vos sources de revenus. Votre situation financière sera alors, contre toute attente, plus confortable que la précédente !

## POUR ALLER PLUS LOIN

En certaines circonstances, vous avez reculé. Par peur ou par prudence ?

# 30 LI, CE QUI S'ATTACHE, LE FEU

*Trigrammes constitutifs : cet hexagramme est double, il se compose de la répétition du trigramme li (ce qui s'attache, le Feu).*

***Éblouissement, adhésion, passion.***

6. Accorder son pardon ou exclure avec discernement.
5. Expression et analyse de sa peine permettent une issue heureuse.
4. Ne pas se consumer dans un mouvement stérile, s'abstenir.
3. Pas de prise sur cette situation, prendre du recul.
2. La fidélité et l'harmonie favorisent les objectifs.
1. Ne pas s'emballer, rester vigilant·e.

## SENS GÉNÉRAL

Les risques d'éblouissement et de leurres sont importants. *Li* invite à ne pas se laisser aveugler par les apparences flatteuses. Restaurer des liens sincères, renouer avec la simplicité, permet de retrouver sa lucidité et évite la surchauffe mentale. Agir dans l'intérêt commun, en adhérant au projet commun, conditionne la réussite et le rayonnement ultérieur.

## DÉCLINAISON AFFECTIVE

Vous êtes étroitement lié·e à l'élu·e de votre cœur. Cette dépendance affective vous met parfois à mal, car vous ne VOUS y retrouvez plus et êtes aux prises avec des sentiments contradictoires. Il se peut aussi que votre autre ne se dévoile pas ou exprime peu ses sentiments. Pourtant, il est bel et bien là, et un beau lien vous unit. Il vous semble parfois que tout cela est trop beau, et vous peinez à vous installer dans la relation. Cette inquiétude sourde est certainement à mettre sur le compte des séquelles d'expériences passées.

Si vous êtes célibataire, la solitude vous pèse, et vous êtes à la recherche de votre âme sœur. Mais êtes-vous bien certain·e de savoir ce que vous voulez ? Votre précipitation à vouloir concrétiser, coûte que coûte et rapidement, pourrait traduire paradoxalement une certaine peur de l'engagement. De ce fait, vous portez inconsciemment votre dévolu sur des personnes qui ne vous correspondent pas. Vous enjolivez provisoirement la situation puis rompez, retournez à votre célibat… avant de vous remettre en quête ! Vous connaissez parfaitement la ritournelle et jouez à merveille votre partition.

***Suggestion :*** cet hexagramme invite les couples à lâcher prise et à accepter le lien tel qu'il est, avec ses travers et ses bons côtés. Vous avez quelque chose à vivre à deux, c'est un fait, et ce, même si le sens de votre histoire ne vous apparaît pas toujours. Faites taire vos inquiétudes. Acceptez et laissez venir ce qui vient. Vous vous apportez beaucoup et grandissez l'un·e et l'autre dans cette histoire.

Si vous êtes célibataire, évitez de vous enthousiasmer trop rapidement, vous pourriez manquer de lucidité face à des personnes insincères. Prenez le temps de comprendre pourquoi vos dernières histoires ont fait « flop » avant de vous précipiter à nouveau. Assurez-vous que vous êtes bien au clair avec vos désirs. Il est nécessaire de réfléchir à la problématique du lien. Ceci fait, il est certain qu'une belle rencontre se produira. Elle sera durable, car ni l'un·e ni l'autre ne portera de masque.

## DÉCLINAISON PROFESSIONNELLE

Malgré les apparences, la situation n'est pas parfaite : votre milieu professionnel pourrait rencontrer des difficultés financières ou relationnelles. Dans ce contexte d'activité intense, il se peut que des tâches ardues ou nécessitant du doigté vous soient confiées, car collaborateurs, collègues, hiérarchie, tous vous font confiance. Vous pourriez aussi être lié·e ou associé·e à quelqu'un. Dans ce cas, vous pouvez compter sur une association fructueuse. La vision est plus claire à deux, et l'action plus efficace.

***Suggestion :*** gardez à l'esprit que vous faites partie d'une communauté : équipe, entreprise, service… et œuvrez dans ce sens. Si votre fonction vous conduit à agir de façon indépendante ou solitaire, votre fidélité et votre sens de la solidarité doivent être sans faille. Si vous devez affronter de fortes oppositions, contraires à l'intérêt commun, n'hésitez pas à vous engager dans la bataille. Vous serez apprécié·e pour cela, et c'est à ce prix que vous gagnerez du galon.

## DÉCLINAISON FINANCIÈRE

Vous avez longtemps vécu avec cette impression que votre foyer bénéficiait d'une certaine aisance financière, il est possible également que l'on vous ait fait miroiter de belles opportunités. Votre train de vie affichait tous les signes extérieurs de la réussite. Aujourd'hui, vous prenez conscience que cette prospérité est fragile, des revers de fortune vous menacent : crise au travail, charges nouvelles, promotion qui tarde, jalousie. Cette situation met en péril l'équilibre matériel de votre famille et de vos proches. Il est vraisemblable que vous ne puissiez compter que sur vous-même pour affronter cette période financièrement délicate et mettre vos proches à l'abri de la tempête qui menace. Ce n'est pas le moment, malgré la tentation, de fuir vos responsabilités en criant : « Après moi, le déluge ! »

***Suggestion :*** surtout, n'accordez aucune confiance aux plans miraculeux. Les belles promesses n'engagent que ceux qui les croient. Votre fragilité actuelle vous rend plus vulnérable, et certaines personnes ou certains organismes pourraient tenter d'en profiter. Vous vous retrouveriez pieds et poings liés, et sans aucune marge de manœuvre. Donnez un cap financier à votre communauté. Faites preuve de générosité aussi, vous travaillez au bien-être de tous. Cette attitude est appréciée et vous vaudra reconnaissance et soutien le moment venu. Expérimentez avec joie les bienfaits de la solidarité en contribuant au bien de tous.

## POUR ALLER PLUS LOIN

Le mental paralyse parfois. En quelles circonstances l'avez-vous remarqué ?

# 31 XIAN, L'INFLUENCE, BOUGER

*Trigrammes constitutifs : le trigramme inférieur est gen (l'immobilisation, la montagne) et le trigramme supérieur est dui (le joyeux, le lac).*

***Impulsion, alliance nécessaire, attraction.***

6. Éviter les propos superficiels ou polémiques.
5. S'adapter sans se renier.
4. Une conduite saine entraîne l'adhésion.
3. Obéir à un désir immédiat réduit l'essor ultérieur.
2. L'élan est freiné, le moment n'est pas venu.
1. Premières manifestations d'un élan.

## SENS GÉNÉRAL

La marge de manœuvre est étroite. Dans ce contexte, *xian* invite à donner l'impulsion au bon moment. Se rallier à une ou plusieurs personnes est ce qui procurera certainement le plus d'aisance. Cette avancée progressive s'effectue en s'assurant que l'objectif est bien défini, clairement exprimé, et que la voie est sécurisée.

## DÉCLINAISON AFFECTIVE

Cet hexagramme évoque les fiançailles de la terre et du ciel, il est donc particulièrement adapté aux questions sentimentales. Il évoque l'influence réciproque des partenaires qui s'exerce dans le temps. Avec *xian*, il faut s'attendre à des événements soudains, des déclics qui

ont tendance à précipiter les décisions importantes, les engagements durables.
De manière générale, l'ambiance est amoureuse avec votre autre, et les dialogues facilités. Vous rayonnez. Si ce contexte vous épanouit, il pourrait paradoxalement faire peser sur vous une forme de pression. En couple, une demande officielle pourrait être faite.
Pour les célibataires, la solitude et la liberté ne seront plus, bientôt, que de lointains souvenirs. Un coup de foudre, une attraction soudaine, une amitié qui évolue de façon imprévisible, pourraient bien bouleverser votre vie.
***Suggestion :*** ne cédez à aucune influence ni à celle d'autrui ni à celle de vos élans ou émotions. Si vous doutez, considérez les actes, et non les belles paroles. Demandez-vous si l'élu·e de votre cœur est là pour vous ou si sa présence est fonction de ses besoins, de ses humeurs et de sa disponibilité. Évitez de vous précipiter et conservez une marge de manœuvre jusqu'à ce que votre conviction soit faite, que vous soyez engagé·e ou à l'aube d'une rencontre.
Si vous êtes en couple, accueillez ce bonheur qui grandit soudainement, simplement, sans vous sentir obligé·e de quoi que ce soit. Puisqu'il est question d'officialisation et de long terme, assurez-vous de votre désir et de celui de votre moitié. Échangez sur l'envie d'enfants, le rapport à la famille, le lieu de vie, vos valeurs, etc., autant de choses concrètes qui font provisoirement « redescendre », mais sont de vrais sujets dans un projet de vie à deux.
Si vous êtes solo, prenez le temps de faire connaissance avant d'emménager à deux ! La rencontre est prometteuse, mais laissez votre histoire se développer tranquillement, étape par étape. Goûtez chaque beau moment, prolongez la légèreté ambiante. Enfin, conservez encore un peu votre liberté de dire « peut-être non, certainement oui ».

## DÉCLINAISON PROFESSIONNELLE

Quelle que soit votre situation professionnelle, vous devez faire alliance avec une personne ou un organisme influent. Il existe de toute façon une forte attraction naturelle qui vous pousse l'un·e vers l'autre. Cette union est source de progression. Cette complémentarité vous porte, elle est source d'épanouissement dans tous les sens du terme.
***Suggestion :*** si vous êtes salarié·e, placez-vous sous le giron d'un chef pour progresser. Si vous avez une profession indépendante ou de grosses responsabilités, ne rechignez pas à vous associer, à travailler en réseau, à fusionner, y compris avec des entités plus importantes. Veillez juste à ne pas vous sentir à l'étroit et conservez votre libre arbitre. À la recherche d'un emploi, évitez de vous isoler dans vos démarches et acceptez recommandations et coups de pouce.

## DÉCLINAISON FINANCIÈRE

Vous pouvez vous attendre à une rentrée d'argent que vous n'espériez pas ou plus : une nouvelle source de revenus s'annonce peut-être ! Il est possible que les propositions affluent. Parmi elles, certaines se concrétiseront et d'autres se dégonfleront d'elles-mêmes. En tout état de cause, cette manne arrive par l'entremise d'autrui.
***Suggestion :*** cet hexagramme vous demande de ne pas vous emballer devant les rentrées d'argent annoncées. Pour l'instant, laissez les événements se décanter. Attendez de voir pour croire, et basez vos plans sur du concret. Si, au final, une belle amélioration de votre situation matérielle est assurée, attendez de voir ce qu'il en est exactement avant de dépenser, car toutes les pistes ou promesses ne se concrétiseront pas. Ce qui arrive sera, de toute façon, positif. La question serait plutôt celle du montant exact des rentrées ou celle des perspectives de profit réalistes.

## POUR ALLER PLUS LOIN

Quelle influence principale agit sur votre destinée ? Y avez-vous réfléchi ?

# 32 HENG, LA DURÉE

*Trigrammes constitutifs : le trigramme inférieur est xuan (le doux, le vent) et le trigramme supérieur est chen (l'éveilleur, le tonnerre).*

***Constance, endurance, engagement.***

6. Trop d'insistance conduit au blocage.
5. Rester à sa place et savoir s'adapter est profitable.
4. Pas de bénéfices à tirer de cette situation, stérilité.
3. Déconvenue et désapprobation si trop d'ambition.
2. Agir dans les limites actuelles et être sans regret.
1. On tourne en rond, mieux vaut s'abstenir.

## SENS GÉNÉRAL

Engagement dans un processus de long terme. *Heng* souligne ici l'importance de la constance et de l'endurance. La progression se fait grâce à la ténacité, lentement mais sûrement, de façon harmonieuse, dans le respect de l'écosystème.

## DÉCLINAISON AFFECTIVE

En couple, cet hexagramme est de bon augure pour la durabilité de votre union. Les engagements sont favorisés : *heng* donne une base solide, un équilibre aux personnes, et assure le succès des projets. Le compagnonnage s'annonce au long cours, car tous les ingrédients sont réunis : sentiments, estime, sexualité et capacité à communiquer. Les âmes se parlent sans masque. La notion de temps implique parfois aussi une différence d'âge entre les partenaires.

Si vous êtes célibataire, votre vie sentimentale entre dans une nouvelle phase et passe à la vitesse supérieure. Vos qualités se révèlent. Les histoires éphémères, les coups de cœur sans lendemain, la quête perpétuelle de l'âme sœur, tout ceci appartient désormais au passé. Une rencontre récente ou très prochaine donne un tout autre tour à votre destin amoureux.
***Suggestion :*** en couple, prenez garde à tout risque de sclérose. Continuez à construire ensemble, mais ne négligez aucun des plaisirs qui embellissent la vie : voyages, passions partagées, rires et intimité. Ne vous perdez pas dans la tentation d'une vie fusionnelle. C'est bien parce que chacun évolue et a ses propres centres d'intérêt, son jardin secret, ses idées et ses amis qu'il peut nourrir le lien et offrir un refuge à l'autre. Si vous êtes célibataire, soyez confiant·e et bannissez toute impatience. L'union solide qui se profile se construira ainsi dans le temps, avec à la clé un bonheur rayonnant et une belle sécurité affective.

## DÉCLINAISON PROFESSIONNELLE

Votre carrière ou votre activité se situent dans une phase d'expansion qui ne se réalise pas au travers de coups d'éclats mais d'actes successifs qui contribuent à votre progression. Vous pouvez vous situer désormais dans une perspective de long terme, ce qui signifie que vous bénéficiez du temps nécessaire pour mûrir et mener à bien tous vos projets.
***Suggestion :*** si vous êtes salarié·e ou à la recherche d'un emploi, n'hésitez pas à vous former, à montrer votre fiabilité, ce sera pour vous la garantie d'un emploi pérenne et d'une progression. Si vous avez des responsabilités, visez la marche suivante, mais dans la sérénité. Se former, faire une étude de marché ou un prévisionnel, ce n'est pas une perte de temps, mais l'assurance de la durabilité de votre activité. Souvenez-vous qu'en tout domaine, « stagnation » est synonyme de « régression ».

## DÉCLINAISON FINANCIÈRE

La composante temps est prépondérante. Avec *heng* sont bénéfiques les investissements immobiliers ainsi que les placements à long terme. Les économies sont protégées. La qualité des acquisitions est préférable à leur apparence. En effet, selon leur nature, les biens devront traverser le temps, ne nuire ni à l'environnement ni à votre santé. Il est question ici également de durabilité au sens écologique du terme.
***Suggestion :*** envisagez vos finances dans une perspective de long terme et faites des choix réfléchis en ce sens. Évitez toute précipitation.
Si vous disposez d'un héritage, ne le négligez pas et ne soyez pas dispendieux. Pensez à assurer votre avenir et celui de vos enfants : avec cet hexagramme, la notion de transmission intergénérationnelle est essentielle. Contribuez à constituer un patrimoine, à l'échelle de vos finances, bien entendu.

## POUR ALLER PLUS LOIN

Faire du temps son allié requiert force et discipline. L'avez-vous déjà constaté ?

# 33 TUN, LA RETRAITE

**Août**

*Trigrammes constitutifs : le trigramme inférieur est gen (l'immobilisation, la montagne) et le trigramme supérieur est qian (le créateur, le ciel).*

***Prise de recul, retrait, repli.***

6. La retraite porte ses fruits, l'attitude adéquate est adoptée.
5. Faire avec les contraintes et la réalité est bénéfique.
4. Discernement nécessaire sur ses propres possibilités.
3. Voir ce qui est acceptable et bénéfique et se libérer du restant.
2. Se renforcer sans perdre de vue l'objectif.
1. Pas encore suffisamment armé·e, attendre pour avancer.

## SENS GÉNÉRAL

Le rapport de force est défavorable. *Tun* invite à rester à distance, voire à s'isoler. Ce retrait contribuera à un renforcement physique, mental et émotionnel. Une attitude modeste apporte considération et développement. Toutes choses s'avéreront profitables quand sera venu le temps de reprendre son chemin.

## DÉCLINAISON AFFECTIVE

Le contexte est au détachement provisoire et parfois au renoncement salutaire.
Votre couple est en pleine tourmente, car en proie à moult hostilités venant d'un entourage peu favorable : personnes jalouses ou séductrices. Cette ambiance conflictuelle et houleuse affecte votre lien et votre équilibre. Vous avez la sensation d'un ascenseur émotionnel permanent.
Si vous êtes célibataire, cet hexagramme signale une période plus propice à la solitude qu'à la légèreté des histoires éphémères. Les rencontres risquent d'être plus toxiques qu'autre chose et de retarder les changements positifs à venir.
***Suggestion :*** pour l'instant, protégez-vous, et pour ce faire mettez-vous en retrait par tous les moyens : éloignement géographique provisoire, méditation, silence. Gardez-vous des disputes qui compromettent les possibilités de réconciliation ultérieures. Employez-vous à retrouver votre bel équilibre : loisirs, travail, amitiés, lecture… toute activité que vous pratiquerez sans votre autre vous fera du bien ! Accordez-vous ce répit pour faire le point sur votre relation et apaiser les tensions. Préparez-vous aux changements qui s'amorcent : soit la renaissance d'une indispensable complicité, soit une séparation si le point de non-retour a été atteint. Avec cet hexagramme, le retrait n'est jamais synonyme d'abandon, mais plutôt de sage mesure de « sauvegarde ». Dans tous les cas, il prépare une suite plus heureuse.
Si vous êtes célibataire, ne tentez pas de forcer le destin. Profitez de cette période de solitude pour recharger vos batteries, faire le point sur vos histoires passées et sur ce que vous souhaitez désormais. Prenez soin de vous, apprenez, accordez-vous des moments avec des proches qui vous apaisent. Ne succombez pas à la tentation de renouer avec les ex pour combler ce vide momentané. Si vous avez juste décidé d'une pause avec votre dernière relation, allez jusqu'au bout de cette pause, le temps d'y voir plus clair.

## DÉCLINAISON PROFESSIONNELLE

Turbulences et conflits sévissent sur votre lieu de travail ou dans votre activité professionnelle en général. Vous pourriez être directement concerné·e par une forme d'hostilité. Votre entreprise est peut-être elle-même menacée par une concurrence offensive. Coups bas, critiques ou acharnement ne sont pas à exclure. Ne vous inquiétez pas outre mesure car une nette amélioration vous attend, et vous trouverez la parade.
***Suggestion :*** pour l'instant, préparez les conséquences d'un retrait et d'un changement éventuel, ne précipitez rien. Restez discret. Ne forcez rien et n'engagez aucun combat. Ne donnez aucune prise aux ennemis, internes ou externes, de votre milieu professionnel. Cette attitude les désarmera et pourrait vous rallier quelques amis. Prenez de la distance, optez pour une pause provisoire. Ce peut être un arrêt de travail, un départ négocié, une mutation, des congés, une retraite anticipée. Mettez à profit ce retrait pour réfléchir aux signes que cette adversité vous envoie. Êtes-vous sur la bonne voie, ou devez-vous envisager une réorientation ? Votre entourage de travail est-il positif ? Quelles sont vos perspectives si rien ne change ? Une autre aventure vous tente-t-elle ?

## DÉCLINAISON FINANCIÈRE

Vous faites face actuellement à des déconvenues financières et vous avez l'impression que toutes vos initiatives sont vouées à l'échec. Au pire, vous vivez une récession matérielle ; au mieux, c'est la stagnation et les rentrées annoncées ne se concrétisent pas. Ventes et achats ne se réalisent pas, ou alors avec une négociation à votre désavantage, car vos interlocuteurs sont coriaces et voraces. Les banquiers ne vous font pas de cadeaux : intérêts exorbitants, refus d'un prêt… Tout se complique, le contexte est hostile.
***Suggestion :*** *tun* invite au réalisme. Il est temps de prendre les mesures financières qui s'imposent pour traverser cette période délicate.

Renoncez au superflu. Par ailleurs, dans ce contexte, mieux vaut éviter toute initiative ou prise de risques. Un renoncement provisoire vaut mieux qu'un mauvais accord. De même, il convient de ne compter que sur soi et d'éviter de solliciter quiconque. Ne misez pas davantage sur une augmentation de votre salaire. Décidément, rien n'y fait ! Acceptez tout cela avec philosophie et détachement. Vivez ces obstacles comme des contretemps, ils sont temporaires : c'est l'occasion de revoir tous vos plans, d'assainir. À la clé, un vrai renouveau financier, sur des bases bien meilleures, et des choix différents.

## POUR ALLER PLUS LOIN

Vous avez lâché prise parce que toute parole ou action devenait stérile : voyez comme cela a été positif à terme.

# 34 DA ZHUANG, LA PUISSANCE DU GRAND

**Avril**

*Trigrammes constitutifs : le trigramme inférieur est qian (le créateur, le ciel) et le trigramme supérieur est chen (l'éveilleur, le tonnerre).*

***Maîtrise, influence, épanouissement, persévérance.***

6. L'autocritique permet un tour favorable des événements.
5. Les astres s'alignent.
4. Le ciel est de votre côté, possibilité agir.
3. Risques, éviter d'être impétueux, discernement nécessaire.
2. Il est avantageux d'avancer de façon conforme.
1. Ne forcer rien ni personne pour l'instant.

## SENS GÉNÉRAL

Situation où l'on ne peut se contenter d'un état ou de choses médiocres. La puissance exercée à bon escient et avec maîtrise permet de se libérer progressivement des contraintes en vue des réalisations ultérieures.

## DÉCLINAISON AFFECTIVE

Les couples se retrouvent après une possible période de refroidissement ou d'adversité. Un air de printemps souffle sur votre relation. Les mots

doux ne sont plus retenus et, mine de rien, votre *alter ego* est prêt à se couper en quatre pour vous faire plaisir. Votre libido s'est réveillée, et les retrouvailles se font aussi sous la couette. Si vous ne vivez pas encore sous le même toit, mais que vous le souhaitez, cela ne saurait tarder ! Vous êtes amoureux, et c'est partagé !
Si vous êtes célibataire, les opportunités de rencontre se multiplient. La traversée du désert ne sera bientôt plus qu'un lointain souvenir. En effet, vos derniers freins sont levés, et votre potentiel de séduction s'est bel et bien réveillé. Désormais, il est plutôt question de choisir parmi les prétendant·e·s celui ou celle qui vous permettra une projection à deux.
***Suggestion :*** ne bousculez rien, ni les événements ni l'élu·e de votre cœur. Même si ses sentiments sont forts et sincères, sa cadence et son mode de communication diffèrent peut-être des vôtres. Ne demandez pas tout, tout de suite : pondérez vos exigences.
Solo, ne vous laissez pas troubler par toutes les portes qui s'ouvrent… Évitez de vous disperser et ne foncez pas tête baissée si vous pensez avoir trouvé la perle rare. Tentez de garder, un tant soit peu, la tête froide, et avancez par étape pour ne pas effrayer l'élu·e de votre cœur.

## DÉCLINAISON PROFESSIONNELLE

Les freins et les obstacles rencontrés précédemment volent en éclat, et vous avez soudainement l'impression que tout redevient possible. Rempli·e d'énergie et d'allant, vous souhaitez surfer sur ce courant porteur pour relancer tous vos projets et solliciter promotion ou augmentation. Les circonstances certes sont favorables, mais il ne s'agit que de l'amorce d'un mouvement positif, et le risque de se laisser griser est réel.
***Suggestion :*** manifestez votre force de façon tranquille et harmonieuse. Restez vigilant·e et ne foncez pas droit devant vous. Si une situation de dépendance ou de subordination vous pèse, usez de tact pour le faire savoir, et de patience pour vous en affranchir progressivement, dans

de bonnes conditions. Ne chantez pas sur tous les toits vos nouveaux projets et succès, c'est encore prématuré ; certains envieux pourraient tenter de les faire capoter. Contenez votre progression, stabilisez-la avant de franchir de nouvelles limites. Aller de l'avant tout en restant un minimum sur ses gardes assure de belles réussites. Tels sont les enseignements de cet hexagramme.

## DÉCLINAISON FINANCIÈRE

Votre expansion financière a été récemment bloquée, mais ce vent contraire tourne. Les transactions sont à nouveau possibles et avantageuses. Les revenus sont bien meilleurs : primes, augmentation de salaire, versements de loyers attendus. Vous pouvez respirer enfin et faire de nouveaux projets.

***Suggestion :*** cet hexagramme invite à une action mesurée et progressive, malgré les idées qui fusent et les opportunités qui se présentent. Ne vous laissez pas enivrer par cette amélioration soudaine et notable de vos finances : attendez les rentrées effectives pour engager les dépenses et n'affichez pas de façon trop ostentatoire votre aisance qui revient. Profitez de cette manne et de ces opportunités pour faire des placements qui vous éviteront de vous retrouver à nouveau dans une situation délicate.

## POUR ALLER PLUS LOIN

Canaliser l'énergie créative, une vraie discipline !

# 35 JIN, LE PROGRÈS

*Trigrammes constitutifs : le trigramme inférieur est kun (le réceptif, la terre) et le trigramme supérieur est li (ce qui s'attache, le Feu).*

***Promotion, mise en avant, expansion.***

6. Avancer de façon agressive pourrait attirer des ennuis.
5. La patience est récompensée, toute action est profitable.
4. Travailler à son seul intérêt personnel met en danger.
3. Avoir su gagner la confiance et être soutenu·e.
2. Impression de piétiner, mais un appui solide survient.
1. Ne pas se décourager malgré les obstacles.

## SENS GÉNÉRAL

Situation où l'on est tenu d'avancer, de se montrer. *Jin* invite à agir sans masque, à montrer sa valeur, mais sans ostentation. Cette initiative sera alors appréciée et relayée par de plus puissants qui n'en prendront pas ombrage.

## DÉCLINAISON AFFECTIVE

Votre couple aborde une phase remarquable et remarquée de progression. Pourtant, votre sensibilité et votre douceur ne peuvent se contenter d'éléments concrets ; vous restez dans l'attente « basique » de gestes et de mots d'amour. Sans ces derniers, vous ne savez plus comment vous situer dans la relation et vous pourriez le dire haut et fort,

ou pire : détourner votre regard pour le poser ailleurs. Vos attentes de sécurité et de passion sont difficilement conciliables, votre autre pourrait être déstabilisé·e par vos doutes. Ce serait dommage, car l'harmonie totale arrive et vous trouverez l'un·e et l'autre les mots et la route du bonheur parfait.
Si vous êtes célibataire, vous rayonnez et pourriez croiser la route d'une personne de qualité, solaire. Votre vie sentimentale prend une nouvelle dimension, les rencontres décevantes et la solitude ne sont plus votre lot.
***Suggestion :*** réfrénez votre impatience et parfois vos offensives contre-productives. Un travail sur vous et vos attentes affectives pourrait être salutaire. La période, les événements, vous mettent parfois à l'épreuve et induisent des remises en question personnelles. Il en est de même pour votre autre, soyez-en assuré·e. Vous en sortirez l'un·e et l'autre meilleur·e·s : vous plus confiant·e et votre autre moins effrayé·e par ses propres sentiments, et vous deux moins impérieux·ses. Souvenez-vous que votre douceur et votre empathie sont vos forces, et non vos faiblesses : n'y dérogez pas.
Si vous êtes célibataire, oubliez vos déconvenues passées et faites confiance à ce qui arrive. Le risque avec *Jin* serait de céder aux doutes ou à l'impatience. Il vous invite tout au contraire à persévérer et à suivre les pas de cette belle personne qui se présente, différente de vous ou usant d'un autre mode de communication, semblant peut-être plus narcissique ou assuré·e… Ce ne sont que des défenses, vous saurez voir au-delà. N'est-ce pas aussi ce qui vous a séduit·e ? Prenez le temps de vous apprivoiser, vous pourriez « grandir » au sens noble du terme.

## DÉCLINAISON PROFESSIONNELLE

Votre carrière entre dans une phase de relance ou d'expansion. Les événements s'enchaînent avec rapidité et fluidité. La signature d'un contrat ou de nouvelles responsabilités sont annoncées. Vos mérites passés sont reconnus, vous profitez de l'appui et du rayonnement d'un

supérieur ou de votre entreprise. Ici, les promotions adviennent le plus souvent grâce à autrui.
***Suggestion :*** vous êtes invité·e à suivre le mouvement, à réagir positivement. Il y a avec cet hexagramme une idée de destin lié à plus puissant. Ne gâchez pas ces belles opportunités par un manque de confiance en vous ou par un excès de tension ou d'impatience. Restez simple et gardez-vous des influences négatives. Vous êtes sur le chemin de la réussite.

## DÉCLINAISON FINANCIÈRE

*Jin* désigne une phase d'augmentation de vos revenus qui est la juste récompense de vos décisions et de votre travail passés, rendus visibles. Vous avez su par ailleurs gagner la confiance d'interlocuteurs qui ont le pouvoir de booster vos gains ou de faciliter vos transactions. Cette aisance qui survient est appelée à durer.
***Suggestion :*** les revers de fortune déjà essuyés pourraient vous rendre timoré·e, c'est là que réside le danger. Il vous suffit de rester raisonnablement prudent pour consolider vos nouveaux acquis, n'ayez crainte ! Restez simple et raisonnable dans votre train de vie. Pour échapper aux jaloux, évitez toute ostentation pour l'instant, tout en profitant sereinement de ce nouveau bien-être qui arrive. Vous n'avez à rougir de rien, alors ne nourrissez aucune culpabilité de cet argent bien mérité. Les proches sincères se réjouissent pour vous, éloignez-vous des autres.

## POUR ALLER PLUS LOIN

Les synchronicités sont si nombreuses, osez agir !

# 36 MING XI, L'OBSCURCISSEMENT DE LA LUMIÈRE

*Trigrammes constitutifs : le trigramme inférieur est li (ce qui s'attache, le Feu) et le trigramme supérieur est kun (le réceptif, la terre).*

***Agissement discret, faire profil bas.***

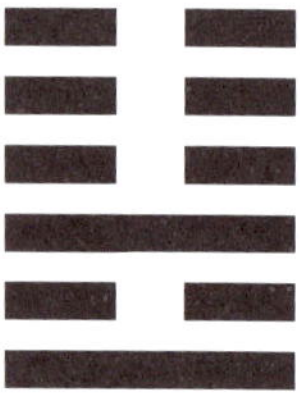

6. On est allé trop loin, c'est la chute.
5. Tous les moyens sont bons pour une noble cause.
4. Il est parfois plus prudent de se désengager.
3. Il y a des changements à opérer.
2. Besoin d'aide face à une attaque sournoise.
1. Persistance avec peu de moyens, et ce, malgré les critiques.

## SENS GÉNÉRAL

Dans cette situation délicate dont la responsabilité ne nous incombe pas, mais qu'il faut démêler, *ming xi* invite à agir avec tact et discrétion, sans dévoiler ses intentions. Cette attitude permettra de ne vexer personne et d'esquiver les difficultés pour mieux préparer la suite.

## DÉCLINAISON AFFECTIVE

Votre couple traverse des turbulences qui, à terme, peuvent affecter sérieusement votre relation. Des énergies tierces entravent votre bonheur sans que vous puissiez les nommer. Quelque chose dans

l'attitude de votre moitié vous met la puce à l'oreille et vous mine. Vous aimeriez une explication franche, mais celle-ci n'est pas à l'ordre du jour. Son téléphone reste caché ou en mode silencieux, elle est plus souvent en retard, absente ou pensive. Elle-même peut sembler en proie à des tourments. Ce climat pesant risque de durer quelque temps.
Si vous êtes célibataire, vous n'êtes pas serein·e. Certaines personnes de votre entourage pourraient être toxiques. Leur intérêt pour votre situation n'est pas forcément désintéressé, et vos confidences ne sont pas à l'abri d'indiscrétions. Vous pourriez aussi être l'objet de manœuvres de séduction. En effet, la grandeur d'âme n'est pas le qualificatif le mieux adapté à vos récentes rencontres, tant s'en faut ! Quelles que soient vos qualités, et elles ne sont pas du tout en cause ici, les motivations de certaines personnes sont troubles. Et en tout état de cause, pas uniquement romantiques !
***Suggestion :*** comme vous n'avez pas la main sur la situation (il vous manque trop d'informations), contentez-vous d'observer, essayez de comprendre ce qui se trame. Toute action ou tentative de discussion avec votre partenaire ou avec l'entourage de votre couple ne ferait qu'envenimer les choses et pourrait bien se retourner contre vous. Préférez le *statu quo* aux décisions prises à l'aveugle. Le moment venu, votre vie sentimentale reprendra son cours de façon harmonieuse, sans que vous ayez eu à perdre la face ou prêter le flanc aux critiques. Vous n'en serez que plus aimé·e.
Si vous êtes célibataire, laissez mourir en l'état toute rencontre embryonnaire que vous ne sentiriez pas totalement. Faites-le sans coup d'éclat afin de ne déclencher ni colère ni manipulation. Espacez les rendez-vous, invoquez un prétexte quelconque… vous ne manquez pas d'imagination. Si toutefois vous souhaitez persévérer, malgré vos doutes, ne précipitez rien et dévoilez peu de choses de vous ou de votre vie. Remettez-vous-en uniquement à vous-même.

## DÉCLINAISON PROFESSIONNELLE

Aucune faute ou responsabilité ne peut vous être imputée dans ce contexte délétère. Et pourtant, votre entourage professionnel pourrait être hostile ou déloyal. Certains enjeux de pouvoir vous échappent, ou des manœuvres ont lieu en sous-main : autant d'éléments contextuels qui invitent à la plus grande prudence. Cette situation de quasi-blocage est provisoire, car ses tenants et aboutissants seront prochainement dévoilés.
***Suggestion :*** dans ce contexte, mettez votre ego de côté, ne dévoilez pas vos intentions, attendez qu'une voie s'ouvre ou agissez *a minima* et discrètement. Si vous détenez quelque information partielle, gardez-la par-devers vous. Vous ne feriez qu'aggraver les choses si vous veniez à vous livrer à des confidences ou à faire preuve d'indiscrétion. Préparez-vous pour la suite en attendant des conditions plus favorables.

## DÉCLINAISON FINANCIÈRE

Vous avez connu des heures meilleures, côté finances, et cette situation qui dure vous met le moral en berne. Les choses vous échappent, rien ne se passe comme prévu, sans que vous y soyez pour quelque chose. Vos interlocuteurs ne sont peut-être pas aussi honnêtes qu'il n'y paraît. Le contexte financier peut changer sans signes annonciateurs : un taux de change défavorable, des augmentations soudaines, une fiscalité changeante, des revenus qui baissent. Autant d'éléments sur lesquels vous avez peu de prise. Impossible de prendre des décisions ou de vous accorder de petits plaisirs sans mettre votre budget en péril. Cette période frustrante vous semble ne jamais vouloir cesser, et pourtant elle est provisoire.
***Suggestion :*** dans cet horizon obscurci, misez sur la prudence. Quand le brouillard s'épaissit, il convient de rouler lentement, le mieux étant encore de ne pas sortir son véhicule ! Pour l'instant, abstenez-vous d'agir : ni investissements, ni dépenses importantes, ni signatures

d'aucune sorte… reportez ! Évitez toute complication ou aggravation en assumant votre retrait. Réfléchissez tranquillement pour préparer la reprise de vos affaires. Tout ne devra peut-être pas redémarrer à l'identique.

## POUR ALLER PLUS LOIN

Les périodes de décroissance sont plus bénéfiques qu'il n'y paraît. Répit ? Préparation ? Réorganisation ?

# 37 JIA REN, LA FAMILLE, LE CLAN

*Trigrammes constitutifs : le trigramme inférieur est li (le Feu) et le trigramme supérieur est xuan (le doux).*

**Socle, culture, communauté, patrimoine, valeurs.**

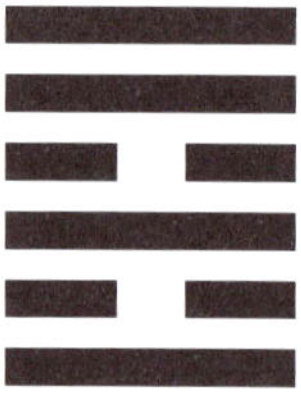

6. L'obéissance et la confiance apporteront la réussite.
5. Une autorité bienveillante structure le groupe de façon bénéfique.
4. Prospérité d'un groupe bien mené.
3. Ennuis : trop de laxisme est préjudiciable.
2. Faire sa part du travail au sein de la communauté, ne rien brusquer.
1. Une bonne base et de la discipline pour un bon départ.

## SENS GÉNÉRAL

*Jia ren* invite ici à inscrire l'action personnelle dans une perspective de long terme. La transmission, l'autorité, les conventions, la culture, les liens, constituent autant de points d'appui pour l'individu. L'intérêt particulier passe après l'intérêt collectif.

## DÉCLINAISON AFFECTIVE

Au sein des couples, la notion de rôles complémentaires est très présente, et si votre union est homosexuelle, vous reproduisez certainement ce

modèle. Votre partenaire pourrait être froissé·e ou frustré·e quand vous tentez de bousculer un peu cet ordre établi.
Les célibataires espèrent rencontrer une personne un peu « vieille France ». Ainsi, les femmes sont séduites par les hommes qui leur ouvrent la portière des voitures, et les hommes par une partenaire féminine, parfois même maternelle.
***Suggestion :*** en couple, tentez de trouver votre juste place sans brusquer votre partenaire, n'oubliez pas que vous formez une équipe. Le bien-être de chacun d'entre vous à la fois repose et rejaillit sur l'autre. Votre couple s'épanouit d'autant plus qu'il évolue au sein d'une famille au sens large. Vous vous souciez du bien-être et de l'avenir de vos enfants. Le respect est une notion qui a un sens au sein de votre foyer.
Si vous êtes célibataire, ne pratiquez pas une séduction offensive, car vos rencontres sont plutôt traditionnelles et motivées par un engagement de long terme. Vous pourriez prochainement être proche d'une personne romantique qui respecte les usages. Il vous faudra rencontrer sa famille ou passer par des fiançailles.

## DÉCLINAISON PROFESSIONNELLE

Si vous êtes à la recherche d'un emploi, visez une activité au sein d'une entreprise plutôt qu'une activité libérale. Sauf, bien entendu, s'il s'agit de la reprise d'une activité familiale. Votre choix de métier pourrait également être conforme à celui d'un parent. Si vous êtes en poste, on peut dire que vous êtes embarqué·e dans une aventure collective au sein de laquelle vous avez toute votre place, à condition d'en respecter les codes. Votre réussite dépend de celle de votre groupe d'appartenance. Par exemple, si vous touchez une prime ou bénéficiez d'une promotion, elle vient récompenser les résultats de votre service. Si vous êtes patron, votre entreprise gagne en productivité parce que vous savez intéresser et fidéliser vos employés. Votre mode de gestion pourrait être patriarcal. *Jia ren* invite à faire passer l'intérêt commun avant l'intérêt particulier.

***Suggestion :*** assumez vos responsabilités et votre part de travail, dans le respect du cadre et des usages. Ne renâclez pas devant l'autorité, si vous souhaitez continuer à bénéficier des avantages de l'organisation au sein de laquelle vous évoluez. Prenez votre juste place, celle qui assure votre épanouissement tout autant que celui de votre entourage professionnel (subordonnés, collègues ou hiérarchie).

## DÉCLINAISON FINANCIÈRE

*Jia ren* décrit un contexte où l'épargne doit se diriger vers des valeurs sûres. Le patrimoine familial doit être entretenu, les dépenses visant des satisfactions uniquement personnelles évitées pour l'instant. Toute action évoquant une mutualisation ou un recours à des fonds mutualisés est favorable. Ici comme dans les autres domaines, la notion de solidarité et de transmission est prioritaire. La réussite financière et les joies que peut en tirer le·la consultant·e ne peuvent être individuelles.
***Suggestion :*** « Gérer en bon père de famille » est l'expression la plus adaptée à cet hexagramme. Tenez votre budget avec rigueur tout en restant généreux·se avec les vôtres. Les petites attentions entretiennent les liens, notamment lors des fêtes traditionnelles : Noël, anniversaires, Saint-Valentin. Si vous économisez, ce n'est pas dans une perspective de thésaurisation, mais bien dans celle d'assurer un patrimoine dont vous profiterez avec votre famille, et qui lui assurera un avenir. Si vous devez solliciter une aide, faites-le dans le respect des formes et des interlocuteurs.

## POUR ALLER PLUS LOIN

La culture ancestrale resserre les liens des vivants. L'avez-vous déjà expérimenté ?

38

# KUI, L'OPPOSITION

*Trigrammes constitutifs : le trigramme inférieur est dui (le joyeux, le lac) et le trigramme supérieur est li (le feu, ce qui s'attache).*

***Désaccord, malentendu, divergence.***

6. Baisser la garde, l'harmonie est possible.
5. Il est bon de se rallier à une entité forte.
4. Des liens se défont, d'autres s'établissent, avancée malgré les écueils.
3. Attelage chaotique, peu importe, faire ce qui est possible.
2. Une rencontre imprévue débouche sur de nouvelles opportunités d'entente.
1. Accepter une brouille passagère, elle permettra un renouveau ultérieur.

## SENS GÉNÉRAL

Face à une brouille qu'il serait profitable de résoudre, *kui* invite à ne pas se focaliser sur les divergences, mais à rester ouvert sur le point de vue de chaque protagoniste. L'échange ici est plus constructif que le silence ou le retrait.

## DÉCLINAISON AFFECTIVE

Votre histoire traverse une période où les désaccords et les malentendus sont nombreux. Tout semble sujet à conflit. Vous n'avez plus envie des mêmes choses, vos choix diffèrent, et aucun de vous deux ne semble prêt à céder. Il ne tient qu'à vous que cette brouille soit passagère. Même si la période est pénible, votre expérience vous a appris que dans toute relation, conflits et crises sont difficiles à éviter : en votre for intérieur, vous savez que le rapprochement est possible.

Si vous êtes célibataire, l'harmonie semble difficile à trouver avec la personne récemment rencontrée. La communication n'est pas fluide, et si vous persistez, il va falloir vous armer de patience pour que vos attentes et vos caractères s'ajustent. Les périodes de « pause » et de « reprise » pourraient alterner : vous ne savez quel avenir donner à cette histoire, tellement elle occasionne chez vous de frustrations. Peut-être est-elle toutefois plus prometteuse que vous ne l'imaginez…

***Suggestion :*** en couple, évitez la confrontation. Les sujets qui fâchent, les procès d'intention et les mises en accusation ne feraient qu'aggraver la situation. Accueillez avec bienveillance votre autre quand il réamorcera le dialogue, cela ne manquera pas de se produire. Déminez ensemble les sujets sensibles !

Si vous êtes célibataire, ne précipitez rien, car un risque de malentendu est toujours à craindre avec cet hexagramme. Le temps vous permettra d'y voir plus clair et de mieux comprendre la personne qui se trouve sur votre chemin : vos différences ne sont peut-être pas rédhibitoires. Ne la braquez pas avec des jugements hâtifs ou des paroles blessantes. Qui sait ?

## DÉCLINAISON PROFESSIONNELLE

Vous semblez vous heurter à beaucoup d'oppositions, soit humaines soit liées à la situation. Rien ne se déroule comme vous le souhaiteriez. À la recherche d'un emploi, il y a toujours un élément qui fait que votre candidature n'aboutit pas. Sachez que tout ceci est conjoncturel. En entreprise, quel que soit le côté de la barrière où vous vous trouvez, direction ou syndicat, vous vous heurtez à des interlocuteurs déterminés à ne rien céder. Pourtant, vos opposants ne sont pas si obtus et, comme

vous, souhaitent sortir de l'impasse. Dans les relations commerciales, vous devez déployez une énergie hors du commun pour obtenir de petits résultats : réglementations de plus en plus sévères, fournisseurs en retard, concurrence offensive. La fluidité des échanges reviendra, c'est juste une question de temps !
***Suggestion :*** soyez patients et gardez votre sang-froid. Ne verrouillez pas les échanges et restez à l'écoute. Vos opposants tentent de faire valoir des intérêts légitimes, et leurs arguments sont certainement fondés. Acceptez comme tels des points de vue divergents, et ne vous sentez pas personnellement visé·e. Usez de votre esprit de synthèse pour trouver une issue. Faites en sorte que chacun puisse sortir la tête haute de cette situation.

## DÉCLINAISON FINANCIÈRE

Un désaccord financier vous oppose à un organisme qui vous réclame peut-être des sommes indues. Inversement, vous pourriez (pensez-vous) avoir en face de vous un mauvais payeur : toutes vos tentatives pour percevoir votre dû ont été vouées à l'échec, et de ce fait les tensions ne font que croître. Vous ne nourrissez plus d'espoir et avez désormais la conviction d'avoir affaire à une personne peu honnête. Ne soyez pas trop pessimiste. Vous allez vous apercevoir que, quelle que soit cette situation, elle repose sur beaucoup de malentendus ou d'erreurs de communication partagées.
***Suggestion :*** soyez patient. Évitez de penser que vos interlocuteurs sont de mauvaise foi, ne les malmenez pas. Acceptez de faire des petites concessions sur la forme, si nécessaire. Proposez par exemple un échéancier, ou acceptez le versement d'intérêts… Le temps, le respect du cadre et les échanges respectueux auront raison de vos divergences financières.

## POUR ALLER PLUS LOIN

Négocier sans renier l'essentiel de sa propre opinion est possible. L'avez-vous déjà expérimenté ?

# 39 JIAN, L'OBSTACLE

*Trigrammes constitutifs : le trigramme inférieur est gen (l'immobilisation, la montagne) et le trigramme supérieur est kan (l'insondable, l'Eau).*

***Empêchement provisoire, trébucher, blocage, sentiment d'impuissance.***

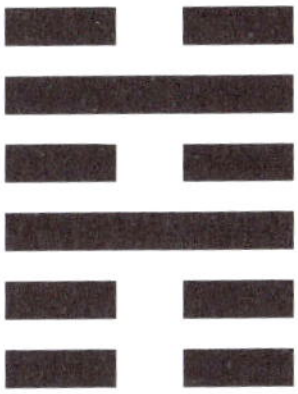

6. Mieux vaut reculer et adapter les réponses au contexte qui s'impose à soi.
5. Horizon obstrué mais les aides affluent.
4. Avancer ou reculer, rien ne semble marcher, trouver de l'aide.
3. Mieux vaut faire marche arrière et chercher une alternative pour éviter les obstacles.
2. Les obstacles rencontrés ne vous sont pas personnellement destinés.
1. Ne rien forcer, plutôt se recentrer.

## SENS GÉNÉRAL

Situation où l'on est face à un obstacle, qu'il soit matériel ou psychologique. Devant cet empêchement réel mais surmontable, *jian* invite à la prise de recul, au changement de focus, à la recherche d'appuis, au travail sur soi. Il s'agit donc d'utiliser au mieux cette période pour l'après, car cet empêchement n'est que provisoire.

## DÉCLINAISON AFFECTIVE

L'image de cet hexagramme associe face à soi la montagne et l'abîme. Il est aisé de comprendre qu'il y a péril en la demeure sentimentale.
Votre lien est confronté à des obstacles ou à des épreuves importantes si vous êtes en couple, qui empêchent ou freinent son épanouissement. Toute tentative de dépasser ces difficultés expose la relation au risque d'une dissolution. Il ne s'agit pas forcément d'un désaccord fondamental entre vous et votre autre, il peut s'agir simplement d'éléments liés à l'environnement. Ce peut être un éloignement géographique imposé, des enfants qui s'opposent à votre union ou tout événement difficile à vivre et à surmonter.
Si vous êtes célibataire, vous avez la sensation d'être enfermé·e dans votre situation, car les personnes rencontrées sont déjà engagées ou tout simplement ne sont pas prêtes pour une vraie histoire. Les espoirs que vous fondez sont régulièrement déçus : quelque chose d'imperceptible fait obstacle, en vous ou dans le contexte.
***Suggestion :*** en couple, ne forcez rien, prenez du recul pour aborder au mieux ces difficultés, d'autant plus que la situation vous échappe. Ne demandez pas à votre autre plus qu'il ne peut faire, il est lui-même confronté à des limites. Évitez toute tentative de résolution frontale qui ne ferait que compliquer la situation. Patientez tout en cherchant des aides ou des alliés qui vous aideront à résoudre cette situation de façon indirecte, et certainement avec des délais.
Si vous êtes célibataire, ne désespérez pas si cette situation frustrante dure, elle finira par se transformer. Délivrez-vous auparavant de tout lien toxique, cessez de convoiter (si c'est le cas) des personnes inaccessibles. Évitez d'insister, et de vous exposer ainsi à l'agacement ou au courroux d'autrui. *Jian* invite toujours à changer de voie, car vous vous battez contre des moulins à vent. Épargnez votre temps et votre énergie. Tournez votre regard vers des personnes qui en valent la

peine, changez de lieux, modifiez votre approche. Dites « non » à toute proposition qui semble scabreuse et favorisez les situations simples.

## DÉCLINAISON PROFESSIONNELLE

Vos projets professionnels reçoivent un coup d'arrêt. Que vous soyez à la recherche d'un emploi ou en poste, rien ne semble plus aller comme vous le souhaitez. Une promesse de contrat tombe à l'eau, ou la promotion annoncée ne vient pas. Des difficultés conjoncturelles s'imposent à vous, sans que vous puissiez y faire grand-chose. Vous vous sentez comme une mouche enfermée dans un bocal, qui n'en trouve pas l'issue. Toute tentative de solution au mieux se solde par un échec, au pire vous nuit. La méthode empruntée ou même l'objectif poursuivi sont certainement à revoir.

***Suggestion :*** prenez en considération les empêchements qui se présentent comme des signes vous invitant à reconsidérer vos objectifs, les moyens que vous vous octroyez, votre cadre, vos interlocuteurs, etc. Avec cet hexagramme, il est souvent difficile d'avancer seul, des conseils et soutiens extérieurs à la situation sont souvent utiles. Ils permettent de changer de perspective et donnent l'aide nécessaire pour contourner les obstacles de façon constructive.

## DÉCLINAISON FINANCIÈRE

Il se pourrait que vous ne parveniez pas à réaliser les acquisitions souhaitées, qu'elles soient minimes ou consistent en élément de confort ou d'envergure. De même, il est tout aussi impossible de conclure une vente ou de récupérer un dû. Tracasseries administratives, refus de prêts, locataires insolvables, promesses de vente annulées, ex-conjoint·e ou associé·e qui s'oppose, sont autant de bâtons dans les roues de vos projets. Toute entreprise de résolution semble pour l'instant vouée à l'échec.

***Suggestion :*** lorsque vous obtenez *jian* dans un tirage, mieux vaut ne pas insister et prendre le temps de reconsidérer sa stratégie. Surtout, ne recourrez à aucune solution illégale, même si vous vous heurtez à de la mauvaise foi : déloger des squatteurs *manu militari* pour récupérer votre bien, souscrire un prêt à un taux exorbitant, vous disputer avec votre ex, ne feraient que vous causer de nouveaux embarras… et pas des moindres. Dans ce contexte, il convient plutôt de réfléchir au sens des obstacles rencontrés et de reconsidérer objectifs et stratégie. Demander aide et conseils à un professionnel peut s'avérer utile.

## POUR ALLER PLUS LOIN

Vous avez été confronté·e à un fort sentiment d'impuissance dans certaines circonstances, pourtant tout a fini par se débloquer… sans vous. Vous souvenez-vous comment ?

40

# JIE, LA LIBÉRATION

*Trigrammes constitutifs : le trigramme inférieur est kan (l'insondable, l'Eau) et le trigramme supérieur est chen (le tonnerre).*

***Passer à autre chose promptement, solution trouvée.***

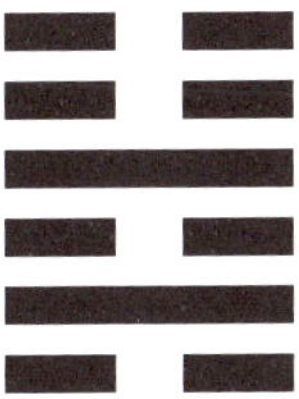

6. La prise de hauteur donne une vision précise qui mène à la réussite.
5. Qualités et capacités personnelles inspirent confiance.
4. Approbation et aide pour le processus de transformation initié.
3. Surestimation possible de la situation, ne pas voir trop grand.
2. Attaquer les problèmes de front, récompense ultérieure.
1. Ce moment est à soi, savoir le saisir.

## SENS GÉNÉRAL

*Jie* invite à se délivrer d'un fardeau devenu inutilement pesant. Ceci se fera de façon fluide, sans avoir à forcer quoi que ce soit, juste en en saisissant l'occasion, en agissant rapidement, en donnant une impulsion. Il suffit d'être prêt et de mettre de côté rancœur, vieux réflexes et inquiétudes.

## DÉCLINAISON AFFECTIVE

Avec *jie*, représenté par le tonnerre sur l'eau, on ressent la fin soudaine d'une tension. Dans votre relation, c'est l'heure de la délivrance. Ce qui faisait obstacle à votre épanouissement sentimental est dépassé. Voici venu le moment de dire « ouf » ! Ce peut être l'heure du pardon et d'un nouveau départ, car l'un·e de vous deux est désormais affranchi·e des énergies tierces : amant·e·s, addictions, dettes, etc. Ce peut être également le moment d'une rupture salvatrice, enfin acceptée de part et d'autre.

Si vous êtes célibataire, vous vous sentez libéré·e des liens du passé, vous réussissez enfin à tourner la page. Et si vous étiez enfermé·e dans un fonctionnement routinier sclérosant, un événement que vous n'attendiez pas ou une rencontre que vous n'espériez plus vous aide à vous en sortir. Une chape s'est soulevée, et vous vous sentez à nouveau libre d'aimer… et surtout prêt·e.

***Suggestion :*** en couple ou en solo, profitez pleinement de cet insight et de cette émancipation qui vous amènent tout droit vers le bonheur sentimental. N'hésitez pas à être indulgent·e avec vous-même, car vous avez peut-être été par le passé l'artisan inconscient de votre situation. Pardonnez aussi à vos partenaires, si nécessaire, et tournez la page. Ces résolutions vous permettront d'avancer vers un beau renouveau amoureux.

## DÉCLINAISON PROFESSIONNELLE

Soudainement et sans efforts, votre horizon professionnel s'éclaircit. Peut-être avez-vous juste su faire machine arrière quand c'était nécessaire. Les tensions et les obstacles passés ne sont plus qu'un lointain souvenir, et vous pouvez à nouveau profiter pleinement de vos efforts et démarches. Il a suffi d'un déclic, d'une légère impulsion, pour que vos projets repartent, que votre statut puisse évoluer et votre rémunération augmenter. Il s'agit parfois d'un changement d'emploi, que vous vivez tant comme une promotion que comme une délivrance.

***Suggestion :*** surfer sur ce flux porteur pour vous libérer de liens de dépendance devenus désormais des entraves, ceci en évitant toute épreuve de force. Enthousiasmé·e par ces portes qui s'ouvrent à nouveau, veillez cependant à ménager vos forces… et songez à vous ressourcer de temps à autre.

## DÉCLINAISON FINANCIÈRE

De façon fluide et surprenante, tous vos objectifs financiers, au point mort depuis un certain temps, semblent vouloir se débloquer. Vous avez su reconsidérer vos attentes et désirs, et il a suffi d'un détail, d'un mot, d'une idée subite ou d'une aide opportune pour que vos affaires reprennent un cours favorable.

***Suggestion :*** profitez pleinement de cette bouffée d'oxygène financière pour élaguer les charges devenues inutiles. Libérez-vous de l'emprise éventuelle d'organismes ou autres qui vous vampirisent. Organisez votre budget en pensant sur le long terme : faites alliance avec de nouveaux interlocuteurs (changez de conseiller bancaire, par exemple), revoyez vos contrats d'assurance, etc. Ne brusquez rien, mais avancez : vos idées sont bonnes et l'horizon dégagé !

## POUR ALLER PLUS LOIN

Avez-vous déjà vécu cet instant où soudainement tout s'éclaire et devient simple, où la fatigue s'évanouit ? Vous vous sentez alors pousser des ailes…

41

# SUN, LA DIMINUTION

*Trigrammes constitutifs : le trigramme inférieur est dui (le joyeux, le lac) et le trigramme supérieur est gen (l'immobilisation, la montagne).*

***Réduction des prétentions, contrôle des affects, contention, sacrifice.***

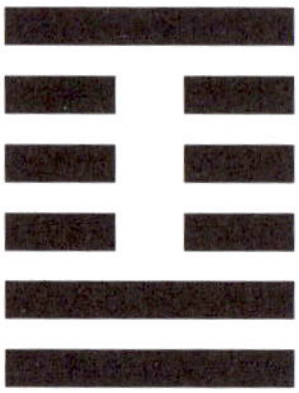

6. Le temps de l'expansion est venu, on est accompagné.
5. Accueillir le succès et la joie qui sont donnés.
4. Ce qui reste suffit, pas lieu de stresser, la joie revient de toute façon.
3. Accepter de perdre en quantité pour gagner en qualité.
2. La modestie des moyens ou de la situation ne doit pas décourager.
1. Ne pas hésiter à donner un peu de soi-même puis avancer.

## SENS GÉNÉRAL

Le plus fort du déclin est atteint, c'est le creux de la vague qui précède le renouveau. *Sun* invite à contrôler les débordements divers que pourraient susciter les prémices d'un nouvel essor. Un sacrifice apparent, une sorte de renoncement, permettent d'aborder la suite en ne gardant que le qualitatif. On peut, par exemple, accepter de perdre un statut ou un profit pour un gain ultérieur. Restez concentré·e sur l'essentiel pour ce nouveau départ.

## DÉCLINAISON AFFECTIVE

Cet hexagramme annonce la diminution des sentiments : la passion des premiers temps est désormais loin derrière vous, et votre lien est fragilisé par une ambiance terne. Vous ne partagez plus grand-chose et semblez vous désintéresser l'un·e de l'autre. Côté intimité, c'est aussi le calme plat, car le désir a déserté le lit conjugal. Vous pourriez en ressentir une forme d'humiliation et d'amertume, et pourtant ni vous ni votre moitié n'en êtes vraiment responsables. Vous saurez rapidement si vous avez atteint le point de non-retour, car votre histoire ne peut être plus insatisfaisante qu'elle ne l'est devenue. L'usure du temps fait partie des lois de l'univers, elle prépare les circonstances d'un renouveau amoureux.

Si vous êtes célibataire, votre entourage vous plombe et vous tire vers le bas. Les rencontres faites dans cet environnement sont extrêmement décevantes. Vous pourriez aussi avoir la sensation d'être invisible pour les personnes qui vous plaisent ou encore trouver que votre mode de vie ne vous donne aucune chance de croiser votre âme sœur. Concentrez-vous sur ce qui vous fait du bien, profitez de cette période pour éliminer de votre vie les relations et les habitudes qui vous font plus de mal que de bien. Seul le vide laissé par ce sacrifice salutaire permettra le nouveau départ promis.

***Suggestion :*** pour les couples, l'heure est peut-être venue de tourner la page. Un thérapeute de couple pourrait vous permettre de faire le point avec votre moitié : vous pourriez trouver ensemble les nouvelles couleurs d'une relation épanouissante ou décider de façon paisible et sans regret de vous séparer.

## DÉCLINAISON PROFESSIONNELLE

Votre activité entre dans une période de récession, vous manquez de ressources et d'idées. Vous ne faites plus autorité dans votre domaine, vous avez peut-être essuyé des revers, vous avez été mis·e au placard ou vous avez perdu votre statut. Certain·e·s peuvent traverser une période de chômage ; rassurez-vous, elle se termine. Vous vous dites que vous ne pouvez pas tomber plus bas, et pourtant c'est bien dans le creux de la vague que se prépare votre renouveau professionnel, beaucoup plus satisfaisant. Par la force des choses, vous pourriez vous découvrir de nouveaux talents ou encore exercer l'activité dont vous aviez toujours rêvé.

***Suggestion :*** ne nourrissez aucune amertume et ne cherchez pas à masquer cette situation. Restez persévérant·e et acceptez les mains tendues de vos ami·e·s ou de votre entourage. N'hésitez pas à accepter une position subalterne ou inférieure à vos qualifications. Rabattez vos prétentions et redémarrez avec moins de moyens ou dans un environnement plus modeste. Faites confiance à la providence et au « timing divin ». Cette attitude modeste et confiante vous permettra d'avancer au-delà de vos espérances.

## DÉCLINAISON FINANCIÈRE

Cet hexagramme décrit un contexte général et personnel de décroissance. Les deux sont d'ailleurs souvent liés. Vous faites face à une diminution de revenus, et vos moyens ne sont plus les mêmes. Il va donc falloir composer provisoirement avec des ressources en baisse. Ce dépouillement est beaucoup plus positif qu'il n'y paraît : il constitue la base assainie d'une reprise qui s'annonce.

***Suggestion :*** la simplicité et la frugalité permettent de pallier le manque de moyens. Supprimez les charges inutiles, recyclez, réparez… c'est dans l'air du temps et vous contribuerez au bien-être de la planète. Faites feu de tout bois. Ne soyez ni inquiet·ète ni amer·ère, vous découvrirez bientôt le sens de ces sacrifices. Vous avez atteint le plus fort du déclin, œuvrez désormais au renouveau.

## POUR ALLER PLUS LOIN

Renoncer permet parfois d'assurer la continuité des choses. Dans quel domaine de votre vie avez-vous fait l'expérience de ce paradoxe ?

42

# YI, L'AUGMENTATION

*Trigrammes constitutifs : le trigramme inférieur est chen (l'éveilleur, le tonnerre) et le trigramme supérieur est xuan (le doux, le vent).*

***Expansion, progression, abondance.***

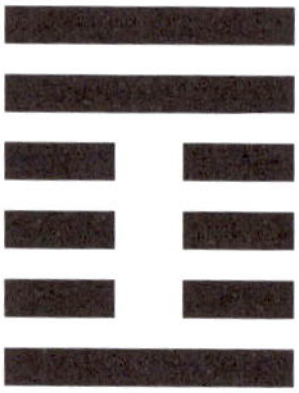

6. Conflit latent possible, empêchement.
5. On est porté par un courant de confiance méritée.
4. Écouter les conseils d'une personne bienveillante.
3. Les erreurs commises seront sans conséquences, la confiance est conservée.
2. Ressenti d'amélioration de sa situation, agir en ce sens.
1. Il est profitable de travailler et d'initier des actions.

## SENS GÉNÉRAL

Dans cette situation d'expansion où les repères sont à reconstruire, *yi* invite à redéployer rapidement les forces vives, les moyens et l'énergie. Il est nécessaire ici de savoir gérer la pression pour pouvoir accompagner cette dynamique de croissance, car un point de non-retour est atteint.

## DÉCLINAISON AFFECTIVE

Vous êtes parfaitement en phase avec votre moitié, et si un petit refroidissement s'était installé, l'heure est désormais au grand rapprochement. Si vous aviez encore des doutes sur un engagement pérenne ou plus officiel, ils sont levés. Votre couple est poussé, pour votre plus grand bien, vers une expansion inéluctable. Vous évoluez

à l'unisson, et c'est le moment de réaliser tous les projets communs ou personnels qui vous tiennent à cœur. Vous vous soutenez mutuellement, et ce, dans une belle énergie amoureuse.
Si vous êtes célibataire, cet hexagramme vous invite à être sentimentalement moins frileux·se, et vous ressentez soudainement le désir d'être admiré·e et de séduire. Un épanouissement sentimental est désormais nécessaire, et d'ailleurs les événements vous y poussent en vous servant sur un plateau de nombreuses opportunités de rencontres. Soyez confiant·e, la fin du célibat est toute proche, il suffira de reconnaître l'âme sœur qui arrivera de façon inattendue. Vous serez surpris·e de constater à quel point elle correspond à votre idéal.
***Suggestion :*** *yi* vous offre un bonheur soudain et pressant, dont vous devez vous saisir sans atermoiements. Ne vous en étonnez pas, accueillez juste ce cadeau du ciel que vous êtes invité·e à matérialiser au travers d'un objectif commun. En effet, cet hexagramme agit comme un catalyseur de projets. Avec lui, toutes les difficultés se dissolvent, et tout ce qui semblait impossible hier devient réalisable aujourd'hui.
Si vous êtes célibataire, ne vous laissez pas étourdir par tous ces événements positifs. Beaucoup de personnes gravitent autour de vous ; écoutez votre cœur et vos intuitions pour reconnaître celle qui vous est destinée. Donnez-lui la main et avancez désormais à deux, sans vous poser mille questions.

## DÉCLINAISON PROFESSIONNELLE

Beaucoup croient en vous et vous encouragent. Vous appréciez d'être remarqué·e et admiré·e, et ce, d'autant plus que votre ambition vous pousse à réaliser de grands projets ou à grimper les échelons. Avec cet hexagramme, gare à qui souhaiterait vous enfermer dans un cadre trop contraignant : vous n'auriez qu'une hâte, le faire éclater, car l'heure est venue.

***Suggestion :*** ne résistez pas à l'appel de la vocation ni à vos intuitions. *Yi* vous invite à entreprendre et vous atteindrez votre but, même si vous devrez parfois emprunter des voies escarpées ou défier les règles établies. Perfectionnez-vous, si vous en ressentez le besoin, mais les nouvelles compétences acquises devront au service de votre réalisation. Agissez, concrétisez ! Avancez sans trop vous poser de questions, vous êtes appelé·e à une belle évolution qui sera source d'enrichissement sur tous les plans.

## DÉCLINAISON FINANCIÈRE

Cet hexagramme révèle que toutes les entreprises financières, même les plus ardues, sont couronnées de succès. Vos choix, y compris les plus iconoclastes, s'avèrent lucratifs. Vos interlocuteurs vous suivent dans vos projets et demandes. Tout ce que vous touchez se transforme en or, c'est un fait.

***Suggestion :*** saisissez cette chance sans vous poser de questions. Veillez à votre expansion financière, c'est votre tour. Le ciel a ses raisons, vous en comprendrez ultérieurement le bien-fondé.

## POUR ALLER PLUS LOIN

Le bonheur emprunte des voies parfois surprenantes. Savez-vous l'apprécier ?

# 43 GUAI, LA PERCÉE, LA RÉSOLUTION

**Mai**

*Trigrammes constitutifs : le trigramme inférieur est qian (le créateur, le ciel) et le trigramme supérieur est dui (le joyeux, le lac).*

***Prise de décision, détermination.***

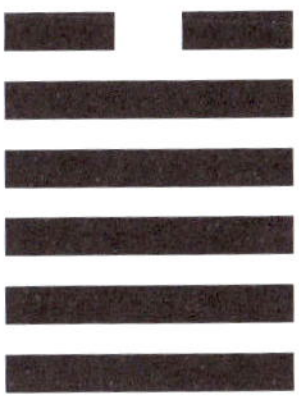

6. Ne pas entendre les signaux d'alerte conduit à l'échec.
5. La détermination permet de s'affranchir et de progresser.
4. Climat d'incompréhension, ne pas persister.
3. Rester sourd·e à ce qui se dit, l'issue sera positive malgré les rancœurs.
2. Rester en alerte et prêt·e.
1. Exercer sa force avec mesure et à bon escient.

## SENS GÉNÉRAL

Dans cette situation de fortes tensions, *guai* invite à garder son sang-froid et à se montrer résolu·e. Après avoir bien évalué la situation, il convient de prendre une décision respectueuse de soi-même et de l'entourage, mais ferme. Il faut agir sans trembler.

## DÉCLINAISON AFFECTIVE

De fortes tensions se font ressentir dans les couples. Elles sont davantage liées au contexte et aux pressions que vous subissez l'un·e et l'autre qu'à des différends profonds. Vous devez peut-être faire face

à un manque de disponibilité ou à un entourage qui vous complique la vie. Cependant, laisser la situation en l'état s'avérerait délétère pour votre union. Des mesures doivent être prises pour retrouver la voie de l'harmonie conjugale.
Si vous êtes célibataire, vous vivez mal cette situation en solo, car vous avez l'impression que beaucoup de responsabilités reposent sur vos seules épaules. Par ailleurs, vous pourriez être séduit·e par une personne qui n'est pas libre, ou aux exigences déplacées ou excessives. Cette situation constitue la préoccupation de trop, alors que vous aspirez à de la sérénité.
***Suggestion :*** prenez des mesures fortes pour restaurer la communication et l'équilibre dans votre couple. Échangez dans le respect, mais sachez affirmer vos besoins et reconnaître ceux de votre autre. Tentez de trouver ensemble les solutions pour faire retomber la pression, soyez imaginatifs·ves et résolu·e·s. Peut-être devez-vous supprimer des obligations ou réorganiser vos emplois du temps pour vous ménager du temps ensemble. Peut-être auriez-vous intérêt à remettre, délicatement mais fermement, certains proches à leur place, voire à leur tourner le dos progressivement pour vous créer de nouvelles relations et un nouveau réseau d'ami·e·s, commun·ne·s ou non.
Si vous êtes célibataire, ne vous encombrez pas d'une personne qui ne vous apporte que des doutes et vous « pompe » toute votre énergie mentale. N'acceptez aucune situation scabreuse et prenez, si nécessaire, la décision de rompre une fois pour toutes. Le vide ne sera qu'apparent, ne laissez aucune place à l'inquiétude. Cette attitude résolue vous conduira directement à une vie amoureuse épanouie et sans pression, avec la bonne personne.

## DÉCLINAISON PROFESSIONNELLE

Liées certainement à l'expansion précédente, de fortes tensions sont apparues récemment. Des jalousies, des conflits, peuvent saper

l'ambiance. Des collaborateurs ou des collègues ne parviennent pas « à suivre le mouvement », faute d'engagement ou de compétences. Votre service ne réussit pas à fournir les prestations ou produits attendus dans les délais. Les résultats ne sont pas au rendez-vous, malgré un contexte favorable. Vous pourriez aussi, sur le plan personnel, faire l'objet d'attentes excessives qui vous mettent à mal, les objectifs fixés étant trop ambitieux.
***Suggestion :*** faute de fermeté, votre activité ou votre équilibre personnel au travail sont en péril. Vous êtes invité·e à agir avec détermination tout en anticipant les conséquences humaines de vos actes. Vos décisions doivent être prises dans le respect des personnes et des règles. Formez les personnes motivées, éloignez les personnes faisant preuve de mauvais esprit, modifiez totalement les processus, refusez les demandes de clients que vous ne pouvez satisfaire correctement. Bref, adoptez une attitude résolue et responsable. La solution avec *guai* nécessite souvent d'adopter des mesures sortant des sentiers battus. Et si vous-même ne vous sentez plus à votre place ou faites l'objet de pressions excessives, tranchez une bonne fois pour toutes, et négociez votre départ en assurant vos arrières.

## DÉCLINAISON FINANCIÈRE

Votre équilibre financier est mis à mal. Vous devez certainement faire face à trop de charges. Elles sont dues à des dépenses passées qui continuent à plomber votre budget. Elles pourraient aussi être le fait de « petits vampires » évoluant dans votre entourage. Ne désespérez pas : à condition de prendre des mesures fortes, tout peut se résoudre.
***Suggestion :*** élaguez les charges inutiles. Dites leur fait aux personnes qui vous en demandent toujours plus. Ne soyez pas influençable.
Des possibilités d'augmentation de vos revenus se présentent, elles nécessiteront certainement un changement de perspective ou des adaptations fortes dans votre façon de gagner de l'argent.

## POUR ALLER PLUS LOIN

Solution éprouvée ou prise de risque, quelle réaction adopter en cas de danger ?

# 44 GOU, VENIR À LA RENCONTRE

**Juillet**

*Trigrammes constitutifs : le trigramme inférieur est xuan (le doux, le vent) et le trigramme supérieur est qian (le créateur, le ciel).*

***Collaboration, nécessaire adaptation, union, attraction.***

6. Absence de reconnaissance quoi que l'on fasse, décider sans regret.
5. Impossible de montrer ses talents, l'accepter sans cesser de se faire confiance.
4. Les ressources sont taries, insister aggraverait la situation.
3. Être bloqué·e par la force des choses évite finalement des ennuis.
2. Garder ses projets pour soi, ne pas y renoncer, les ressources sont suffisantes.
1. Accepter avec confiance les limitations actuelles, utiles et provisoires.

## SENS GÉNÉRAL

Une mutation est en cours, *gou* invite à être dans l'accueil et dans l'adaptation. Les prémices de ce changement se font sentir, mais on n'en maîtrise pas encore les tenants et aboutissants. Cette situation peut sembler inconfortable. Elle invite à lâcher quelque chose, à ne pas agir seul.

## DÉCLINAISON AFFECTIVE

Votre couple pourrait être affecté par l'intrusion d'une tierce personne dont les intentions ne sont pas si bienveillantes qu'il y paraît. Les conseils qu'elle vous dispense vous desservent. Elle pourrait aussi utiliser à mauvais escient et sans discrétion vos confidences. Sa duplicité pourrait affecter sérieusement votre histoire. Tenterait-elle de séduire l'un·e de vous deux ou de vous éloigner l'un·e de l'autre ? Tout est possible. Heureusement, cet hexagramme indique que vous avez la possibilité de la neutraliser.
Si vous êtes célibataire et que vous n'y prenez garde, un séducteur d'opérette pourrait vous laisser le cœur en miettes. Il est également possible que surgisse à nouveau dans votre vie une personne qui, jadis, vous a beaucoup blessé·e ou déçu·e. De manière générale, ce sont ces importuns qui font la démarche de venir vers vous, parés de leurs plus beaux atours et de leurs discours les plus charmeurs.
***Suggestion :*** éloignez de votre couple toute personne qui vous semble toxique et faites-le de manière résolue, même si cela doit vous être reproché plus tard par votre moitié qui s'est peut-être laissé « endormir ».
Si vous êtes célibataire, dans ce climat trouble, ne cédez pas trop vite aux belles paroles. Soyez intransigeant·e, car vos interlocuteurs sont des spécialistes de l'argumentation et savent trouver vos failles. Calme et fermeté, voici les mots d'ordre à adopter !

## DÉCLINAISON PROFESSIONNELLE

Vous sentez que vous êtes au seuil de changements qui vous impacteront. De nouvelles personnes arrivent dans votre cercle professionnel. Vous pouvez, aussi, avoir affaire à de nouveaux interlocuteurs dans tous types de tractations. Cet hexagramme parle de relations à multiplier et gérer avec finesse. L'autre est nécessaire pour avancer, mais la confiance se gagne avec le temps.

***Suggestion :*** intégrez les nouveaux venus dans votre paysage professionnel tout en vous ménageant une période d'observation avant de trop vous livrer ou de leur accorder trop de pouvoir. Entretenez les réseaux, ils sont souvent nécessaires pour ouvrir des portes ou débloquer des situations. Accueillez les propositions d'autrui, il y en a plus dans deux têtes ! Veillez à être empathique et diplomate, sans jamais perdre de vue votre objectif. Cultivez l'art et la manière de dire les choses et choisissez le moment opportun. Soyez attentif·ve aux manipulateurs, évitez de l'être vous-même. Construisez des liens de confiance sans jamais aliéner votre libre arbitre.

## DÉCLINAISON FINANCIÈRE

Avec ces énergies d'air, les bonnes idées fusent : vous vous sentez audacieux et avenant. Cet hexagramme indique cependant que vous pourriez avoir affaire à certaines personnes dont les intentions ne sont pas si nettes. Sous couvert de belles paroles, elles ménagent certainement leur intérêt avant le vôtre. Un proche qui vous invite à faire une acquisition avec lui, un agent immobilier qui souhaite un mandat exclusif, un franchiseur qui vous promet de gros bénéfices, mais vous impose des contraintes importantes : le risque de manipulation est réel.
***Suggestion :*** ne signez aucun chèque en blanc ! Lisez les petites lignes des contrats. Demandez-vous systématiquement ce que gagne votre interlocuteur dans l'échange et si c'est compatible avec vos intérêts. Veillez surtout à conserver votre indépendance financière et le pouvoir intégral sur vos biens : ne consentez pas d'usufruit sans y avoir bien réfléchi, par exemple. Faites-vous d'abord confiance, vous avez actuellement le feeling pour mettre à exécution des idées lucratives. Pour toute transaction ou tout engagement importants, prenez conseil auprès d'un tiers dont c'est la profession.

## POUR ALLER PLUS LOIN

Sans confiance en soi, peut-on faire confiance aux autres ?

# 45 CUI, LE RASSEMBLEMENT, LE RALLIEMENT

*Trigrammes constitutifs : le trigramme inférieur est kun (le réceptif, la terre) et le trigramme supérieur est dui (le joyeux, le lac).*

***Ralliement, accumulation, cohésion, risque de débordement.***

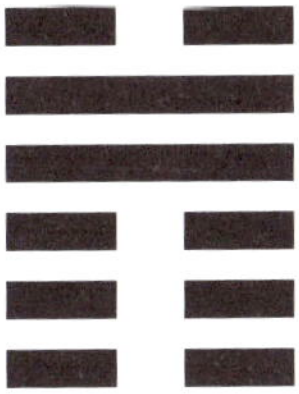

6. Mise à l'écart dans un conflit latent, la peine passera.
5. Se faire confiance, sinon adhérer à un groupe structuré sans regret.
4. Grandes possibilités d'essor, rester ouvert·e, on est porté·e.
3. Réduction du champ des possibles en restant seul·e.
2. S'insérer dans le mouvement pour réussir.
1. Se rallier sans crainte.

## SENS GÉNÉRAL

Situation d'affluence d'éléments nécessaires à la poursuite de l'action. Ce climat d'essor recèle une part de danger, d'inconnu, mais aussi d'occasions, d'opportunités. Pour juguler les débordements et potentialiser cette force collective, il peut être judicieux de se rallier à une forme d'instance fédératrice.

## DÉCLINAISON AFFECTIVE

Si vous êtes en couple, cet hexagramme favorise les officialisations, les cérémonies, les fêtes : il est donc possible qu'il y ait du mariage dans l'air, ou au moins une présentation à la famille. Dans ce contexte, vous pourriez être amené·e à forcer votre nature un tantinet solitaire. Le défi ici sera de trouver le juste équilibre entre votre indépendance et la nécessité de vivre au sein d'une communauté. Votre moitié est là pour vous aider, faites-lui confiance. Vous avez tout à gagner à opérer ce compromis.

Si vous êtes célibataire, il y a du changement dans l'air. Vous le pressentez et souhaitez mettre toutes les chances de faire une belle rencontre de votre côté en intensifiant votre vie sociale. Présence sur les réseaux sociaux, club de sport, congrès ou sortie entre amis : vous n'avez jamais croisé autant de monde. *Cui* vous conforte dans cette attitude qui vous fait sortir de votre zone de confort, elle est la clé d'un avenir sentimental souriant.

***Suggestion :*** cet hexagramme invite à développer vos compétences sociales. Si vous êtes hypersensible, vous avez pu vous isoler afin de vous protéger. Désormais, vous êtes invité·e à mieux contrôler vos émotions et à dépasser votre sensibilité. Au travers de ces échanges, vous apprenez à trouver votre juste place et à faire le tri entre les personnes toxiques et les personnes bienveillantes.

Si vous êtes célibataire, vous devez faire preuve de discernement et savoir opérer un tri devant l'affluence des contacts et des échanges que vous avez provoquée. Écoutez votre intuition, elle vous guidera tout droit vers votre autre. Gardez à l'esprit que pour être bien avec votre amoureux·se, vous devez faire la paix avec vous-même et savoir tenir debout seul·e. À cette condition, vous allez au-devant d'une belle histoire.

## DÉCLINAISON PROFESSIONNELLE

Cet hexagramme vous montre la nécessité de travailler en équipe ou de chercher de l'aide pour donner une nouvelle impulsion à votre activité et vos réalisations. Il peut s'agir aussi d'une mise en commun de moyens ou de ressources. En tout état de cause, c'est la solidarité qui permet de progresser. Cependant, cette affluence d'énergie peut parfois partir dans tous les sens, voire déborder. C'est le risque, mais il n'est pas sans parades.

***Suggestion :*** faites preuve de diplomatie et sachez reconnaître les qualités et la complémentarité des un·e·s et des autres. Oubliez votre ego, lorsque c'est nécessaire, pour être dans une action moins individuelle et plus collaborative. Si vous vous sentez incompétent·e, inquiet·ète ou fragilisé·e, n'hésitez pas à vous en remette à une personne ou à un organisme plus puissant. Cette attitude sera appréciée, car elle témoigne de votre discernement et d'une forme de loyauté à l'égard de l'interlocuteur choisi. Souvenez-vous également que l'action collective nécessite souvent d'être fédérée ou dirigée pour être efficace.

## DÉCLINAISON FINANCIÈRE

Une réelle instabilité règne sur le climat financier en général. Les avis sont partagés, et vous doutez de vos choix en la matière. Ce climat incertain pourrait vous conduire à prendre des décisions impulsives et irrationnelles.

***Suggestion :*** conservez votre ligne de conduite et ne cédez ni aux rumeurs ni au vent de panique. Restez stable dans vos décisions économiques : ni vente ni achat soudain. Si nécessaire, prenez conseil auprès d'un professionnel.

## POUR ALLER PLUS LOIN

Notre ego nous prive de toute la richesse que peut nous apporter autrui. L'avez-vous déjà regretté ?

# 46

# SHENG, LA POUSSÉE VERS LE HAUT

*Trigrammes constitutifs : le trigramme inférieur est xuan (le doux, le vent) et le trigramme supérieur est kun (le réceptif, la terre).*

***Élévation, promotion, mouvement ascensionnel.***

6. La visibilité est réduite, continuer à s'élever mais sans excès.
5. Ascension qui se fait progressivement.
4. Qualités et compétences permettent de s'élever.
3. Progression, mais rester prudent·e.
2. Apport personnel apprécié.
1. La confiance est la source de l'élévation.

## SENS GÉNÉRAL

La situation permet l'élévation. À la manière d'un arbre qui s'élève lentement, mais tout en s'enracinant, s*heng* invite à progresser avec constance. Il ne s'agit pas ici de brusquer les événements ou d'agir, mais plutôt de s'ancrer et de croître grâce au potentiel de la situation. Pour ce faire, la confiance dans les forces en présence (visibles ou invisibles) est essentielle.

## DÉCLINAISON AFFECTIVE

Votre couple est pris dans un mouvement ascensionnel. L'amour, la complicité et la confiance qui règnent vous permettent d'envisager l'élaboration et la concrétisation de projets à long terme. Ils sont la suite

logique de votre engagement et contribueront à tisser des liens encore plus solides entre vous et votre moitié. Vous formez désormais une équipe qui ne doit craindre aucune difficulté, car votre investissement et vos efforts communs seront couronnés de succès.
Pour les célibataires, c'est l'appel de la vie. Soit une relation naissante franchit une nouvelle étape, soit le ciel vous aide à rencontrer votre âme sœur. Dans les deux cas, vous ouvrez un nouveau chapitre de votre histoire et ce lien nouveau est appelé à croître doucement, mais sûrement.
***Suggestion :*** gardez confiance en vous, en votre couple et en la providence. Les traits invitent à agir et à avancer pas à pas. Vos projets communs doivent prendre forme sur des fondations solides, car ils sont d'envergure (famille, immobilier, entreprise, etc.) et appelés à durer. La terre vous invite à vous laisser guider par votre intelligence émotionnelle et vos intuitions, vous en êtes particulièrement bien doté·e.
Si vous êtes célibataire, cultivez l'optimisme et donnez-vous les moyens de mieux connaître les personnes croisées à l'occasion d'activités sociales ou dans le cadre professionnel. L'une d'elles pourrait en valoir la peine. Avancez vers elle sans masque ni précipitation. Le moment venu, soyez sincère dans vos aspirations : vous serez ravi·e de constater que vous partagez les mêmes !

## DÉCLINAISON PROFESSIONNELLE

Votre carrière entre dans une phase ascensionnelle. Vous êtes particulièrement inspiré·e et vous sentez pousser des ailes dans cette configuration très favorable. Vous bénéficiez d'une vision stratégique et de belles intuitions. Pour certain·e·s, cet hexagramme peut parler de « vocation ». L'élévation peut s'entendre autant en termes de promotion qu'en termes de réalisation d'un idéal, de transcendance.
***Suggestion :*** le moment est propice à la prise d'initiatives et de contacts avec des personnes de pouvoir. Écoutez vos aspirations, car elles vous

sont soufflées par de bons guides invisibles. Favorisez tout ce qui ressemble à une amélioration. N'hésitez pas à modifier votre perspective, à franchir certaines barrières, à intégrer une dimension spirituelle ou artistique. Pour transformer au mieux le potentiel contenu dans cette situation, avancez pas à pas, de façon méthodique. Ne vous laissez pas étourdir par le succès.

## DÉCLINAISON FINANCIÈRE

Votre situation matérielle est en pleine expansion. Toutes vos initiatives en la matière sont facilitées et récompensées en monnaie sonnante et trébuchante. De belles occasions d'enrichissement se présentent à vous, et des coups de chance sont possibles. La providence est de votre côté.
***Suggestion :*** cet hexagramme vous invite à vous pencher sur vos finances et à saisir toutes les opportunités matérielles qui se présentent. Faites-le avec naturel et simplicité. Vous en comprendrez le sens ultérieurement.

## POUR ALLER PLUS LOIN

Vous vous sentez, parfois, porté·e par des forces invisibles. Vous saisissez-vous de ces aides providentielles ou y avez-vous résisté ?

47

# KÙN, L'ACCABLEMENT, L'ÉPUISEMENT

*Trigrammes constitutifs : le trigramme inférieur est kan (l'insondable, l'Eau) et le trigramme supérieur est dui (le joyeux, le lac).*

***Creux de la vague, circonstances défavorables.***

6. Se recentrer, reprendre sa liberté et sa route.
5. S'armer de patience dans cette traversée du désert qui aura une fin.
4. Dans l'embarras, reconsidérer les choses puis se décider.
3. Sentiment de décalage, manque de discernement, l'aide espérée est absente ou inefficiente.
2. Proposition qui semble ne pas correspondre, l'accepter.
1. Situation de blocage, patience requise, ne pas se résigner.

## SENS GÉNÉRAL

*Kùn* alerte sur un fardeau devenu trop lourd à porter, voire injuste. Face à cette épreuve sérieuse mais temporaire, il invite le consultant à réinterroger ce qui est essentiel, ses propres priorités, et à opérer des remises en question. Parfois, la solution ne dépend pas de soi : elle nécessite endurance et sérénité, jusqu'à la survenue d'un changement. Parfois, il faut renoncer en l'état.

## DÉCLINAISON AFFECTIVE

Vous traversez certainement une épreuve qui affecte votre union. L'un·e de vous deux peut se sentir oppressé·e, contraint·e par l'autre. Il peut s'agir aussi d'obsessions, d'addictions ou d'un passé qui refait surface. L'ensemble fragilise votre état psychique ou celui de votre partenaire. Si vous êtes célibataire, vous ne supportez plus votre situation et souhaiteriez pouvoir vous reposer sur un être aimé et vous confier à lui.
***Suggestion :*** vous êtes invité·e à renoncer à ce qui grignote votre énergie jour après jour. Vous n'avez plus les ressources pour faire face à un projet compliqué ou à un·e conjoint·e qui vous étouffe ou vous « plombe ». N'hésitez pas à pratiquer l'introspection pour remédier à vos propres peurs et angoisses. Faites appel à votre discernement et écoutez votre cœur pour voir ce qu'il faut garder ou lâcher, accepter ou refuser. Votre lucidité est votre meilleure alliée. Préservez-vous le plus possible et restez optimiste malgré cette période usante. Ce « nettoyage » prépare un cycle nouveau beaucoup plus heureux.
Si vous êtes célibataire, endurance et adaptation sont actuellement des dispositions nécessaires. Ménagez-vous des temps de pause, respirez. N'ajoutez aucune charge ni obligation temporelle ou financière. Restez sur vos gardes, des manipulateurs pourraient vouloir profiter de votre faiblesse passagère. Ils ne feraient pas longtemps illusion et, dans ce contexte, s'avéreraient avant tout des boulets ! Débarrassez-vous de vos illusions, faites un reset de votre vie pour aborder le cycle prometteur qui s'annonce après ce creux de vague passager.

## DÉCLINAISON PROFESSIONNELLE

Vous vous sentez épuisé·e et, s'il n'est pas déjà présent, le burn-out menace. Cet hexagramme avertit d'une situation de tensions dangereuse. Soit vous endurez depuis trop longtemps une charge de travail démesurée, soit vous supportez une forte pression parce que vous devez

prendre des positions risquées. Il se peut également que le rythme soit trop intense pour vous ou encore que vous ne soyez pas formé·e pour exécuter ce qui est attendu. Certain·e·s peuvent aussi être dans une logique d'autosabotage ou rongé·e·s par une insatisfaction systématique. Le contexte est de toute façon oppressant et, dans tous les cas de figure, vous avez la sensation d'être seul·e face à l'adversité, ou même que l'on vous met « la tête sous l'eau ». Vous ressentez certainement un sentiment d'injustice. Heureusement, cette situation est temporaire.
***Suggestion :*** *kùn* invite au repos et au retrait. Le moment est venu de vous délester du fardeau qui vous épuise, car vous ne trouverez ni en vous ni autour de vous les ressources nécessaires pour le supporter plus longtemps. Autant dire que la période n'est propice à aucune initiative. Le mieux est de renoncer ou de reporter ce qui peut l'être. Vos meilleurs alliés sont le temps et votre sérénité, et votre capacité à dire « stop ».

## DÉCLINAISON FINANCIÈRE

L'adversité sévit dans votre vie financière. Les charges sont devenues trop importantes pour votre budget, et le contexte ne tend pas vers une augmentation des revenus. Tout ceci occasionne ruminations et nuits blanches. Ces difficultés ne vous mèneront cependant pas à la faillite, vous êtes déjà au plus bas. Un retournement de situation positif est en germes, rassurez-vous !
***Suggestion :*** renoncez aux charges devenues trop lourdes et armez-vous de patience. Ne vous bercez pas d'illusions pour échapper mentalement à cette déveine. Soyez réaliste, sans être pessimiste, pour être prêt·e quand l'heure de la reprise aura sonné, ce qui ne manquera pas de se produire.

## POUR ALLER PLUS LOIN

Vous avez déjà été confronté·e à ce genre de situation critique où vous ne pouviez compter que sur vous et votre résistance. La lumière était au bout du tunnel, rappelez-le-vous !

# 48 JING, LE PUITS

*Trigrammes constitutifs : le trigramme inférieur est xuan (le doux, le vent) et le trigramme supérieur est kan (l'insondable, l'Eau).*

***Entretenir le bien commun, retour aux sources.***

6. La confiance règne, tous peuvent se régénérer à la même source.
5. Tout est limpide et revivifié, possibilité d'action.
4. La rénovation de la structure permet un nouvel élan.
3. Des qualités effectives ne sont pas utilisées, dommage !
2. Des ressources mal ou sous-employées perdent leur potentiel.
1. Perte d'attrait et d'intérêt faute d'entretien.

## SENS GÉNÉRAL

Des liens d'interdépendance, souvent invisibles, permettent la survie de l'homme. *Jing* invite chacun à prendre sa place dans ce processus vital. Il s'agit ici de se nourrir mutuellement, que ce soit sur les plans physique, matériel, intellectuel ou spirituel. La communication est le liant essentiel.

## DÉCLINAISON AFFECTIVE

En couple, vous recherchez la fusion et les projets communs. Vous pourriez ressentir une certaine frustration, si vous ne sentez pas votre autre au diapason. Une sensation de vide ou d'ennui pourrait vous égarer. Elle est certainement liée à un sentiment passager de mal-être existentiel, on peut parler du « puits sans fond » de vos besoins affectifs. Il

se peut aussi que votre autre manque bel et bien d'égards et d'attentions à votre endroit.
Si vous êtes célibataire, votre vœu le plus cher est de rencontrer une personne avec laquelle fonder ou recomposer une famille, ou tout au moins avec laquelle accéder à un modèle traditionnel : un couple basé sur l'engagement et le soutien mutuel. Pourtant, avec cet hexagramme, les relations ne peuvent pas toujours s'officialiser rapidement et doivent rester secrètes. Il est possible également que la personne en face de vous soit peu encline au partage, dans sa bulle ou entravée dans son action.
***Suggestion :*** utilisez vos qualités relationnelles et votre empathie pour communiquer au mieux avec votre autre. Entretenez la sensualité et le mystère, ménagez-vous un jardin secret. Ces attitudes réveilleront son intérêt. Résistez à l'installation d'une routine sclérosante. Avec *Jing*, la part de rêve est prépondérante. Puisez en vous et dans des activités de groupe les ressources nécessaires pour nourrir votre âme.
Si vous êtes célibataire, avec *Jing* il est parfois utile d'épurer sa vie sentimentale avant d'aller plus loin. Cet hexagramme vous met au défi de sonder votre cœur, mais aussi vos aspirations parfois contradictoires. Passion ou raison ? il vous faudra peut-être composer. Quand vous aurez trouvé vos réponses, il suffira de révéler vos belles qualités au grand jour pour que vos aspirations sentimentales se réalisent. Votre âme sœur est plus proche que vous ne le pensez. Ne négligez aucune chance de la rencontrer, si ce n'est déjà fait. Dévoilez-vous pour que l'autre ose le faire à son tour.

## DÉCLINAISON PROFESSIONNELLE

Une action en profondeur est nécessaire dans le domaine du travail, le moment est d'ailleurs propice à la consolidation des bases et à l'assainissement de votre activité. Pour ce faire, la mutualisation des forces s'impose. Vous êtes pris·e dans des liens d'interdépendance. Avant de penser à votre évolution personnelle, vous devez participer

à la pérennité des ressources de votre entreprise ou à la bonne marche de votre service. Il est possible que vous soyez sollicité·e pour donner un coup de main ou transmettre des savoir-faire. C'est par l'action collective, au service du groupe d'appartenance, qu'il convient d'agir. Les valeurs mobilisées sont des valeurs ancestrales d'entraide, à l'image du clan qui entretenait le feu ou du village qui prenait soin du puits.
***Suggestion :*** faites appel si nécessaire à des méthodes anciennes, à votre mémoire et à celle de vos collègues pour trouver des solutions. N'hésitez pas à donner de vous-même, à coopérer, ou inversement à demander de l'aide. L'action est ici avant tout mutualisée. Sans elle, il n'y a de salut ni pour l'organisation à laquelle vous appartenez ni pour vous-même.

## DÉCLINAISON FINANCIÈRE

Cet hexagramme indique que même si vous avez l'impression d'un manque de moyens, il ne faut pas hésiter à être solidaire et généreux avec vos proches. Il y a ici une notion de don, de contribution, de cotisations ou de charges communes à régler. Vous en êtes ou en serez payé en retour. Une somme d'argent enfouie ou des économies oubliées sur un compte pourraient refaire surface. Il peut être question de puiser dans ses économies pour la bonne cause.
***Suggestion :*** entretenez vos biens et suivez vos comptes. Retrouvez de la visibilité sur l'état réel de vos finances. Vous serez moins préoccupé·e lorsqu'il s'agira de verser votre écot, car votre situation matérielle n'est pas si mauvaise.

## POUR ALLER PLUS LOIN

Votre pensée cartésienne n'a pas toujours été des plus appropriées, et vous lui préférerez désormais certainement les réponses holistiques.

# 49 GE, LA RÉVOLUTION, LA MUE

*Trigrammes constitutifs : le trigramme inférieur est li (ce qui s'attache, le Feu) et le trigramme supérieur est chen (l'éveilleur, le tonnerre).*

***Transformations, basculements, gros changements.***

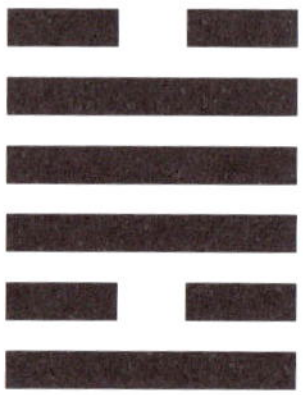

6. Souplesse et patience nécessaires pour un changement en profondeur.
5. Force, intelligence et confiance, opérer le changement radical.
4. Mouvement de confiance, moment opportun pour changer le cadre.
3. Pondérer momentanément son action réformatrice car danger, se rallier.
2. Le moment est venu d'enclencher le basculement.
1. Le moment n'est pas venu d'initier un changement.

## SENS GÉNÉRAL

Face à l'ébullition du renouveau, *ge* invite à opérer un basculement ou une mue au moment opportun, c'est-à-dire quand la nécessité s'en fera ressentir et que tout sera en place. S'accrocher aux « vieilles branches » serait stérile ; opérer le changement indispensable à contretemps, soit trop tôt soit trop tard, serait préjudiciable. C'est parfois en soi que s'opère cette révolution.

## DÉCLINAISON AFFECTIVE

Votre couple traverse une période de forts remous. Les bases sur lesquelles vivotait votre histoire depuis un certain temps sont en train de voler en éclats, car au moins l'un·e de vous ne les supporte plus. Avec *ge*, vous pouvez considérer que rien ne sera plus comme avant dans votre vie sentimentale. Le changement intervient souvent de façon brutale et radicale. Il peut se traduire par un divorce ou le choix d'un mode de vie radicalement différent.

Alors que certains couples se défont, il s'agit tout au contraire, pour les cœurs solitaires, d'abandonner leurs oripeaux de célibataire. Un coup de foudre est dans l'air, et toutes les petites habitudes s'en trouvent chamboulées. Le plateau-repas sur le canapé, le dimanche en pyjama, les conversations sans fin avec les amis : oubliez !

***Suggestion :*** si vous êtes en couple, ne résistez pas à ce mouvement, provoquez-le ou accompagnez-le si vous n'en êtes pas l'initiateur·rice. Vous ne pouviez continuer ainsi. Si la période est actuellement douloureuse et insécurisante, elle augure d'un mieux-être à venir.

Si vous êtes célibataire, allez de l'avant et ne craignez pas de partager votre intimité, vous allez gagner beaucoup au change : câlins, croissants… et surtout un quotidien beaucoup moins lourd à assumer. Être dans la confidence avec une âme sœur, quoi de mieux ?

## DÉCLINAISON PROFESSIONNELLE

Le virage dans ce domaine peut être soudain et radical : mutation, changement d'emploi, autre façon de travailler. Votre intuition vous souffle que le moment est venu de rompre avec un fonctionnement sclérosant ou mortifère. Ce basculement peut faire suite à une prise de conscience personnelle, un insight, mais aussi s'inscrire dans un mouvement collectif. Il n'y a aucun regret à nourrir, car cette révolution s'effectue dans une perspective d'évolution, avec à la clé une

amélioration de vos conditions de travail, de votre rémunération, de votre qualité de vie, ou encore une prise de responsabilités.
***Suggestion :*** ne vous accrochez pas au passé et osez sortir de votre zone de confort. Avec cet hexagramme, l'inconnu est source de potentielles améliorations. Le groupe exerce souvent un effet de levier puis de canalisation, il est un vecteur de réalisations concrètes. N'hésitez pas à agréger les forces en présence ni à vous agréger vous-même à un réseau.

## DÉCLINAISON FINANCIÈRE

Une vraie révolution s'annonce dans votre façon de gagner votre vie et de subvenir à vos besoins. Elle peut passer par une période de risques. Changement d'emploi, création d'entreprise, vente de vos biens, autres choix de vie… tout est possible. Votre train de vie sera de toute façon radicalement différent.
***Suggestion :*** n'hésitez pas à suivre ce que vous soufflent vos envies et votre intuition tout en assurant vos arrières : planifiez, anticipez, choisissez le bon moment… Ne restez pas isolé·e dans votre projet, l'union est ici source de réussite.

## POUR ALLER PLUS LOIN

Vous avez parfois ressenti qu'il était temps de tourner une page et vous l'avez fait dans la douleur. Aujourd'hui, vous vous en réjouissez certainement.

# 50

# DING, LE CHAUDRON

*Trigrammes constitutifs : le trigramme inférieur est xuan (le doux, le vent) et le trigramme supérieur est li (ce qui s'attache, le Feu).*

***Transmutation, réaménagement.***

6. Comble de la réussite, tout est profitable.
5. Il est bon de persévérer en restant vigilant·e et à l'écoute.
4. Fragilité et confusion vouent à l'échec, voire à la honte.
3. Il faut opérer des changements sans regret, issue finalement heureuse.
2. Vous êtes bien pourvu·e, autrui ne doit pas vous dérouter.
1. Se débarrasser des verrous du passé, y compris de façon non conventionnelle.

## SENS GÉNÉRAL

Parvenu au terme d'une entreprise, *ding* invite à passer au niveau supérieur de l'achèvement grâce à un réaménagement subtil de ses éléments. Cette transformation interne s'opérera d'autant mieux qu'elle s'appuiera sur les forces en présence. Pour cela, connectez-vous à la situation.

## DÉCLINAISON AFFECTIVE

En couple, voici venu le moment de la réalisation de vos vœux les plus intimes. Les satisfactions sont nombreuses, et vos projets prennent forme. Travailler avec votre autre porte souvent ses fruits, car vous êtes complémentaires comme le Yin et le Yang. Ce contexte fertile au sens large est bien entendu favorable à l'arrivée d'un enfant. Vous êtes dans une osmose sentimentale parfaite : toutes « vos molécules » s'entendent pour provoquer des joies et des plaisirs intenses. Cette harmonie est le ferment d'un renouveau qui vous emmène au-delà de vos espérances et promet un bel accomplissement dans de nombreux domaines.
Si vous êtes célibataire, vous vous employez depuis un certain déjà à trouver l'âme sœur et vous avez fait un gros travail sur vous. La transformation s'opère doucement, et tous les ingrédients sont réunis pour que vous fassiez une belle rencontre. Vous sortez de votre isolement et vous présentez désormais sous votre meilleur jour, c'est-à dire tel·le que vous êtes. La providence va mettre sur votre route une personne qui sera tout autant séduite par votre richesse et votre sincérité que par votre apparence. L'alchimie agira.
***Suggestion :*** vous êtes invité·e à entretenir la flamme et la magie de votre couple. Nourrissez votre bonheur de gestes et d'attentions, peaufinez-le. Et surtout, dégustez le !
Si vous êtes célibataire, soyez confiant·e, vous êtes prêt·e à accueillir ce qui arrive. L'attraction sera forte et évidente, ne vous posez pas mille questions le moment venu. Laissez-vous plutôt surprendre par ce qui arrive et va transmuter votre vie. Soyez prêt·e à accepter ces transformations.

## DÉCLINAISON PROFESSIONNELLE

Votre vie professionnelle est en pleine effervescence. Vous bouillonnez d'idées et d'énergie, et tout est en ébullition autour de vous. Un

renouveau se prépare et vous met sous tension. Vos qualités, vos compétences, les opportunités, tout semble se combiner pour vous diriger sur une voie que vous ne faites que pressentir. Celle-ci aura un retentissement très bénéfique sur votre activité. Les activités de transformation sont favorisées (cuisine, métallurgie, vinification, chimie…), tout comme celles, plus symboliques, qui demandent du temps et de l'inspiration, et laissent les traces d'une civilisation : écriture, art, etc.
***Suggestion :*** faites confiance à votre inspiration. Elle vous guide vers les bons projets et vous donne les moyens de les concrétiser, car ils sont justes. Laissez le temps faire son travail de maturation et révéler ce qui doit l'être. Travaillez en conscience, intégrez la spiritualité à vos actions les plus matérielles. L'écriture de la suite est en cours : il faut la soigner, car elle pose les bases d'une refondation totale.

## DÉCLINAISON FINANCIÈRE

Cet hexagramme annonce une nouvelle ère financière. Celle-ci est en préparation. On peut dire que vous avez la capacité de transformer le plomb en or. La prospérité à venir se fera sur des bases assainies et sur des valeurs universelles de générosité.
***Suggestion :*** apurez vos comptes. Des opportunités nombreuses vont se présenter, sachez distinguer les meilleures. Prenez conseil auprès d'experts, ils possèdent des clés que vous n'avez pas. Cet hexagramme désigne un creuset dans lequel se prépare une nourriture sacrée. Ainsi, pour que votre fortune soit assurée et bénéfique, pensez à l'usage que vous en ferez. N'imaginez pas un magot sur lequel vous reposer, mais plutôt un trésor qui vous permettra de vous transcender.

## POUR ALLER PLUS LOIN

Vous avez fait preuve de générosité. En avez-vous ressenti une gratification personnelle ?

# 51 CHEN, L'ÉVEILLEUR, L'ÉBRANLEMENT, LE TONNERRE

*Trigrammes constitutifs : hexagramme double, répétition du trigramme chen (l'éveilleur, le tonnerre).*

***Renouveau, bouleversement, fracas.***

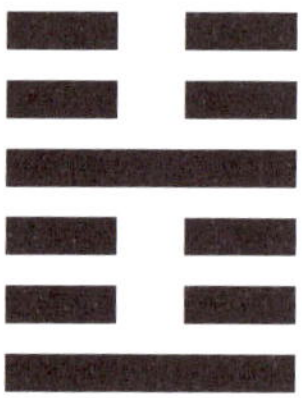

6. Le fracas ne vous concerne pas, sortir à temps de cette situation.
5. Rester neutre et continuer imperturbablement.
4. Sidération ou inaction nuisible.
3. Ne pas craindre cette secousse brutale, en faire un vecteur de changement.
2. Ce qui est perdu sera retrouvé plus tard.
1. La frayeur soudaine sera vite surmontée.

## SENS GÉNÉRAL

Face au déchaînement des événements et à leur force déstabilisante, *chen* invite à ne pas céder aux frayeurs, mais à utiliser la dynamique ainsi créée pour opérer un renouveau libérateur.

## DÉCLINAISON AFFECTIVE

Accaparé·e par vos activités, vous n'avez pas pris garde aux nuages qui s'amoncelaient dans votre ciel conjugal. Vous avez oublié votre autre en route, et celui-ci vous le rend bien. Une forme de torpeur a remplacé la passion et les espérances des premiers temps. Cet hexagramme vient

donner un coup de semonce pour prévenir qu'il est temps de se réveiller, faute de quoi votre union risque fort de rendre l'âme. La prise de conscience est soudaine et déclenchée par un événement imprévisible. Si elle occasionne un ouragan émotionnel, elle est pourtant salutaire.
Si vous êtes célibataire, enfermé·e dans vos ruminations et regrets, vous vous êtes installé·e dans une routine sans saveur. Heureusement, les circonstances vous tirent soudainement de cette vie sclérosée. Pour votre plus grand bien, elles vous obligent à sortir de votre zone de confort. Coup de foudre, rencontre déterminante… tout est possible.
***Suggestion :*** Accueillez sans panique les événements qui viennent vous chambouler. Reprenez votre vie conjugale en main et donnez-lui un nouveau souffle. Il ne s'agit plus de préserver un *statu quo*, mais bien d'opérer les changements qui s'imposent. Faites preuve de lucidité, mettez de l'ordre dans vos vies et réalignez-vous sur une énergie d'amour. Accueillez les bouleversements qui résultent de cet hexagramme comme les prémices d'un nouveau bonheur.
Si vous êtes célibataire, tournez définitivement la page d'un passé qui vous plombe, même si cela implique un renoncement douloureux. Réformez vos habitudes, révélez votre potentiel grâce aux éclairs de cet hexagramme. Accueillez sans crainte la nouvelle orientation de votre vie ; faites de la place pour la perle rare qui vous tend les bras.

## DÉCLINAISON PROFESSIONNELLE

Des événements extérieurs sonnent soudainement le glas d'un système qui périclitait. Votre situation professionnelle ou votre activité s'en trouvent bouleversées. Un vent de panique s'empare de vous : installé·e dans une forme de routine, vous ne vous y étiez pas préparé·e. Toutes vos peurs sont réactivées : peur de la faillite, du manque, du chômage, du rejet, de l'échec, etc. Pourtant, cette crise est salutaire et représente une formidable occasion d'évoluer.

***Suggestion :*** cet hexagramme invite à anticiper et à renforcer sa position, car les énergies en présence sont fortes et bousculent. Une fois ceci assuré, il faudra accompagner le processus de transformation qui s'est mis en branle en mobilisant votre force de travail et votre endurance… Renoncez à ce qui est obsolète, n'hésitez pas à modifier votre environnement de travail et à revoir vos projets. Même si la tentation est forte, ne vous accrochez surtout pas à « des branches pourries », mais réjouissez-vous des changements à venir.

## DÉCLINAISON FINANCIÈRE

Vous pourriez avoir à faire des dépenses imprévues, et ceci remet en question le budget précédemment établi. Vous n'y pouvez rien, la vie réserve toutes sortes de surprises, et finalement c'est plutôt bon signe : mouvements, projets, etc. Si ces impondérables vous déstabilisent, ils annoncent pourtant une amélioration quelconque, un effet collatéral bénéfique que vous découvrirez une fois la secousse passée…
***Suggestion :*** dans ce contexte, restez lucide et calme, et ne cédez en rien à l'affolement. Vous possédez les ressources intellectuelles et matérielles pour faire face à ces complications. Ces imprévus doivent être l'occasion d'une restructuration de votre budget.

## POUR ALLER PLUS LOIN

Vous êtes-vous déjà retrouvé·e dans cette situation où il a fallu qu'un événement extérieur vienne vous libérer d'une aliénation ?

# 52 GEN, L'IMMOBILISATION, LA MONTAGNE

*Trigrammes constitutifs : cet hexagramme est double. Il se compose de la répétition du trigramme gen (l'immobilisation, la montagne).*

***Prise de recul, sérénité.***

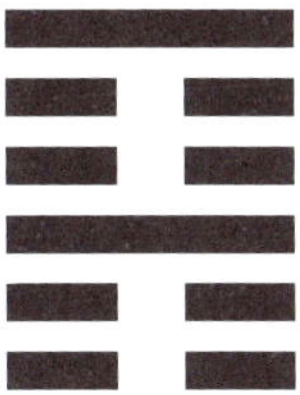

6. Situation de stabilisation totale, possibilité désormais de rayonner.
5. Surveiller ses paroles et passer à autre chose.
4. Grâce à l'immobilité, le calme gagne.
3. L'immodestie ou le manque de souplesse porte préjudice.
2. Immobilité nécessaire qui peut frustrer.
1. Commencer par se stabiliser, ne rien décider.

## SENS GÉNÉRAL

Face à une obstruction, *gen* invite à se réaligner. L'intériorisation est ici de mise. La méditation, le yoga et toute pratique permettant de mettre en pause le mental sont à favoriser. La remise en mouvement viendra ultérieurement, après une prise de recul.

## DÉCLINAISON AFFECTIVE

*Gen* invite les couples au bilan. La fuite en avant n'est plus pertinente. Vous vous êtes beaucoup mobilisé·e·s pour construire votre histoire et la nourrir. Désormais, la communication est ralentie, le temps davantage

à l'introspection. La stagnation n'est qu'apparente, la situation se renouvellera d'elle-même.
Si vous êtes célibataire, les rencontres sont rares. Les relations en cours n'évoluent que lentement. C'est peut-être le signe qu'elles ne sont pas si prometteuses, et c'est bien ainsi, car vous avez besoin de temps pour vous ressourcer. Ce calme apparent, certes un peu ennuyeux, concocte pourtant la suite de votre vie sentimentale.
***Suggestion :*** en couple, écoutez votre voix intérieure et acceptez vos émotions. Soufflez et oubliez le mental. Le moment est plus au silence qu'à la parole, plus au lâcher-prise qu'à l'action. Retrouvez votre sérénité, elle est féconde.
Si vous êtes célibataire, *gen* vous invite à savourer ce moment de calme pour vous retrouver et vous ménager des moments rien qu'à vous. Oubliez les ruminations. Si les événements vous ont conduit à vivre cette période en solo, alors il en est bien ainsi. Ne vous usez pas dans de vains espoirs, si une relation actuelle est décevante. Soyez dans l'acceptation et sans regrets, vous avez fait ce que vous pouviez. Ne nourrissez aucune inquiétude pour la suite, la sérénité que vous allez retrouver attirera comme un aimant la bonne personne pour vous.

## DÉCLINAISON PROFESSIONNELLE

Une immobilisation s'impose à vous et vous n'avez d'autre choix que de marquer une pause dans votre ascension ou vos projets professionnels. Dans ce contexte, toute prise de risques ou toute dépense d'énergie pour avancer coûte que coûte s'avérerait inutile, voire néfaste.
***Suggestion :*** préférez une attitude humble. Utilisez cette période de retrait pour restructurer et stabiliser votre activité. Prenez du repos. C'est peut-être le moment de réfléchir au sens de votre action, de votre métier. Cultivez la patience. Cet hexagramme vous donne force et résistance.

## DÉCLINAISON FINANCIÈRE

Un coup d'arrêt est porté à vos projets matériels : un prêt vous est refusé, un contrat prévu ne se signe pas en l'état, ou une administration vous bloque. Cet hexagramme signale une frustration nécessaire et temporaire. Il vous rappelle au principe de réalité.
***Suggestion :*** ce différé est une invitation à redéfinir vos besoins et à accepter vos limites. Il invite à la patience et à la révision des plans d'action. Évitez toute agitation, elle serait contre-productive : l'immobilité est une forme d'action. Favorisez le long terme.

## POUR ALLER PLUS LOIN

Devenir soi-même la montagne qui relie la terre au ciel, la matière à l'esprit, est un chemin de longue haleine.

# 53 JIAN, LE DÉVELOPPEMENT, LE PROGRÈS GRADUEL

*Trigrammes constitutifs : le trigramme inférieur est gen (l'immobilisation, la montagne) et le trigramme supérieur est xuan (le doux, le vent).*

***Prise de recul, sérénité : avancer pas à pas, lenteur.***

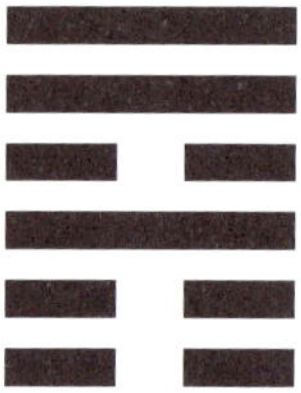

6. Grâce à la persévérance : ultime réussite couronnée.
5. Le temps aidant, le but est atteint.
4. Les circonstances permettent de se poser.
3. L'adversité nécessite l'élimination préalable du danger.
2. Progression lente mais assurée, moment de partage et de joie.
1. Se fixer de petits objectifs, accepter de tâtonner malgré les commentaires désobligeants.

## SENS GÉNÉRAL

Face à cette situation de progression lente mais certaine, *jian* invite à la ténacité. Les résistances, les contretemps, les pas de côtés, les marches arrière, doivent être considérés comme des occasions d'ajustement, de progrès, de mise en cohérence. Tous ces ralentissements font partie du processus dans lequel s'inscrit ce cheminement.

## DÉCLINAISON AFFECTIVE

Des obstacles ou des contretemps peuvent se présenter, mais ils ne sont là que pour éprouver votre lien. Ils vous montrent ainsi sa force si vous en doutiez encore. Vous appréciez de plus en plus les moments à deux, et vous vous sentez sur une même longueur. Vous formez le souhait d'inscrire votre lien dans la durée, et, pierre après pierre, vous construisez votre avenir commun. Les couples qui ne sont pas encore engagés officiellement pourraient bien envisager sérieusement cette option. Il en résultera une union harmonieuse et plutôt traditionnelle. Les oies sauvages présentes à tous les traits de *jian* sont signe de fidélité. Si vous êtes célibataire, vous éprouvez le besoin de sortir de votre solitude et vous vous donnez les moyens de faire une belle rencontre, car vous savez désormais ce que vous voulez. La progression est lente parce que vos objectifs amoureux sont élevés, et vous ne souhaitez pas vous engager à la légère ni vivre d'histoires sans lendemain. Des pauses sont également possibles, si une nouvelle rencontre n'a pas encore soldé tout son passé, car vous souhaitez des bases saines.

***Suggestion :*** restez persévérant·e et tenace face aux difficultés qui peuvent encore se présenter. Ne vous emportez pas face aux diverses contrariétés, elles ne remettent pas en question votre lien. Reposez votre esprit et prenez de la distance avec ce qui ne vous appartient pas, vous conserverez ainsi votre énergie pour ce qui est vraiment important. Continuez à travailler votre développement personnel. Votre histoire est appelée à évoluer vers une union où le Yin et le Yang se complètent parfaitement, notamment sur le plan spirituel.

Si vous êtes célibataire, ne précipitez rien. Sachez reconnaître les personnes un peu trop séductrices pour éviter les lendemains qui déchantent. Prenez le temps de passer « au tamis » les personnes que vous croisez. Il en restera une, qui risque fort d'être votre autre. Cet hexagramme annonce une rencontre durable, les partenaires apprennent à se connaître tranquillement. La personne en face de vous a peut-être vécu une histoire qui a laissé des traces, acceptez son rythme s'il est différent du vôtre. Il ne traduit pas du désintérêt : il est, tout au contraire, gage de sérieux.

## DÉCLINAISON PROFESSIONNELLE

*Jian* place votre activité face à une épreuve de réalité. Il invite à abandonner ce qui ne convient plus ou dysfonctionne (poste, procédure, organisation, relations, etc.) au profit de ce qui sert votre évolution professionnelle. Ce processus s'opère lentement et s'accompagne également d'une progression morale ou spirituelle. Ce qui vous blesse ou pourrait blesser autrui ne peut plus vous convenir. Il est possible également que vous ayez à être vous-même évalué·e ou agréé·e par un groupe, une instance.

***Suggestion :*** travaillez en conscience et patiemment à votre progression. Si cela vous semble nécessaire, n'hésitez pas à redémarrer sur d'autres bases, votre progression n'en sera que meilleure à terme : vous vous sentirez plus aligné·e avec votre nature profonde. Évitez toute précipitation, n'hésitez pas à suivre un enseignement, un leader, ou à vous associer si vous sentez que votre progression le demande.

## DÉCLINAISON FINANCIÈRE

Grâce à votre gestion « de bon père de famille », vos revenus augmentent lentement, mais sûrement. Vous pourriez être confronté·e encore à des hauts et des bas, mais vos finances permettent de faire face. À l'image de vagues successives, vous consolidez tranquillement votre patrimoine. Il est des moments où l'heure n'est pas à soigner son bas de laine, mais à se faire plaisir, à faire plaisir ou à tendre la main. Cette attitude n'affectera pas votre capital sur le long terme.

***Suggestion :*** ne tentez ni coup d'éclat ni enrichissement soudain. Votre progression financière s'opère dans la durée, grâce à votre organisation.

Elle est d'autant plus aisée et naturelle qu'elle ne vise pas uniquement la thésaurisation. Réfléchissez à la finalité de vos actions.

## POUR ALLER PLUS LOIN

Modeler l'instant sans penser au futur, c'est se développer.
L'expérimentez-vous ?

54

# GUI MEI, L'ÉPOUSÉE

*Trigrammes constitutifs : le trigramme inférieur est dui (le joyeux, le lac) et le trigramme supérieur est chen (l'éveilleur, le tonnerre).*

***Prise de recul, sérénité, mariage d'une jeune fille, situation trouble, risque de compromission.***

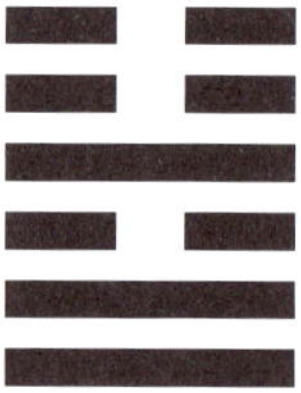

6. Rien ne se fait finalement, stérilité.
5. L'acceptation a permis un retournement positif.
4. Les choses se feront mais le moment venu.
3. Une progression hâtive fera revenir à un état antérieur.
2. Faute de visibilité, s'abstenir.
1. Handicap de départ qui se révélera être un avantage, avancer.

## SENS GÉNÉRAL

Dans cette situation dont les tenants et aboutissants sont masqués, *Gui mei* invite à être circonspect, à agir humblement, lentement, avec tact et prudence. Cette attitude permettra d'éviter les pièges et les errements liés aux contextes de confusion, aux élans passionnels, aux relations et intentions troubles.

## DÉCLINAISON AFFECTIVE

Cet hexagramme montre des désaccords fondamentaux entre vous et votre partenaire. De la jalousie peut fragiliser votre lien. Les différences peuvent être importantes (âge, culture ou milieu social), et une fois passée l'attraction physique des premiers temps, il est bien difficile de stabiliser votre histoire. Combien de temps encore supporterez-vous les sautes d'humeur de votre partenaire et saurez-vous gérer vos propres agacements ? Pourrez-vous toujours surveiller vos paroles et déjouer la manipulation ? Pour l'un·e comme pour l'autre, rester dans le contrôle permanent demande beaucoup d'énergie. Cette relation montre souvent une forme d'immaturité affective de l'un·e ou de l'autre. Elle nécessite parfois une aide psychologique.

Si vous êtes célibataire, avec cet hexagramme l'attrait est le plus souvent essentiellement physique, et la relation risque fort de n'être qu'un feu de paille. Le magnétisme d'une personne peut vous faire perdre votre lucidité et votre libre arbitre. Dans ces conditions, il n'est pas recommandé d'envisager une union, car les caractères s'accorderont difficilement.

***Suggestion :*** si vous êtes déjà engagé·e, il va vous falloir faire preuve de tact et de diplomatie pour ne pas aller à la rupture. Il ne faudra cependant pas insister, si le lien vous semble toxique ou s'il existe une relation de dépendance entre vous deux. Personne ne doit se sacrifier. Il est parfois nécessaire de faire appel à un médiateur pour sortir provisoirement ou définitivement d'un conflit. Si vous n'êtes pas officiellement uni·e·s, réfléchissez bien avant de vous engager, car le mariage risquerait d'être décevant.

Si vous êtes célibataire, restez en retrait, évitez d'entrer dans le conflit ou d'insister si vous êtes dans une histoire qui vous met trop à mal. Il y a peu à attendre de cette rencontre. Il vous faut bien réfléchir avant de vous engager. Sur quoi se baserait une éventuelle union ? La peur de la solitude, l'attirance sexuelle, un intérêt quelconque de l'un·e ou de l'autre ? Attention, danger !

## DÉCLINAISON PROFESSIONNELLE

En raison d'une absence d'anticipation, d'une mauvaise décision ou d'une forme d'attentisme, vous êtes engagé·e dans une situation professionnelle qui vous laisse amer·ère ou vous fait perdre confiance en vous. Peut-être vous êtes-vous laissé tenter par un miroir aux alouettes qui vous promettait monts et merveilles : avantages ou prestige, par exemple. En réalité, vous vous retrouvez à occuper un poste subalterne ou à vivre une situation de dépendance avec une sentiment de perte de contrôle vis-à-vis d'un partenaire quelconque.
***Suggestion :*** Acceptez votre part de responsabilité dans cette situation dégradante ou tout au moins compliquée à vivre, car en désaccord avec votre essence. Vous vous sentez compromis·e dans votre identité ou vos valeurs. Si vous souhaitez y remédier, faites montre d'affirmation personnelle et nourrissez à nouveau une vision à long terme. La prise de conscience, la créativité et la patience vous conduiront sur une voie moins factice.

## DÉCLINAISON FINANCIÈRE

*Gui mei* invite à la plus grande prudence dans ce domaine. Il annonce des quiproquos lors de la conclusion d'un accord financier. Parfois, ces malentendus reposent sur le fait de s'être voilé la face à l'heure d'un engagement, car on souhaitait n'en voir que les avantages immédiats. C'est lorsqu'il faut faire face aux obligations de cet accord boiteux que surviennent les dissensions : l'impression d'avoir été lésé·e domine.
***Suggestion :*** soyez vigilant·e avant de signer tout document, lisez bien les petites lignes, avancez doucement, avec circonspection. Clarifiez les intentions de chacun, même si dans un premier temps cela aboutit à une absence d'entente ou de financement. Si vous avez déjà acté un accord, fait preuve de diplomatie et de tact pour trouver une issue raisonnable

qui permettra à chacun d'en sortir sans se sentir lésé. Rétablissez un climat de confiance avant toute chose.

## POUR ALLER PLUS LOIN

Il faut parfois beaucoup d'audace pour faire preuve de sincérité. Avez-vous déjà été confronté à ce dilemme ?

55

# FENG, L'ABONDANCE, LA PLÉNITUDE

*Trigrammes constitutifs : le trigramme inférieur est li (ce qui s'attache, le Feu) et le trigramme supérieur est chen (l'éveilleur, le tonnerre).*

***Apogée, profusion, récolte, gratification.***

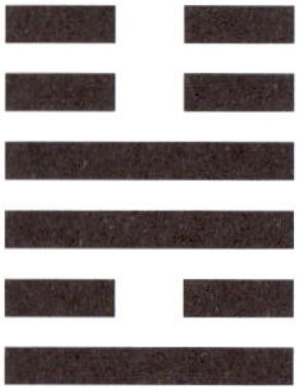

6. L'accumulation bloque et isole.
5. Humilité est récompensée.
4. Talents appréciés car complémentaires.
3. Une attitude déplacée nuit provisoirement.
2. Grâce à la modestie, on est accueilli ; avancer.
1. Lien, aide, conseil permettent d'aller de l'avant.

## SENS GÉNÉRAL

Voici le temps de la récolte et du succès. Dans cette situation, *feng* invite à profiter des biens et des avantages desormais acquis. Ceci ne peut se faire sans générosité ni délestage du trop-plein qui encombre. La profusion ne doit pas inhiber le mouvement.

## DÉCLINAISON AFFECTIVE

De grandes joies sentimentales sont promises aux couples. Vous avez su trouver le juste équilibre entre passion et sécurité du lien. Votre union peut être confrontée à des secousses, mais la base est tellement solide que leurs impacts seront minimes. Si vous entreprenez une activité en

commun, elle devrait être couronnée de succès, car votre alliance est charismatique. L'avenir vous sourit.
Si vous êtes célibataire, la solitude et les mauvais choix du passé sont derrière vous. Vous avez à nouveau besoin d'aimer et d'être aimé·e. Votre optimisme, votre sincérité et votre charme vous parent d'un grand magnétisme. Une personne qui saura vous faire vibrer entre dans votre vie. Accueillez cette bénédiction comme un cadeau de l'univers, sans vous poser de questions. Vous ne vous trompez pas, et votre intuition vous souffle très justement que, cette fois, un bel épanouissement sentimental, durable et fécond vous est promis.
***Suggestion :*** unissez vos énergies personnelles pour créer l'abondance dans votre couple et autour de ce dernier.
Si vous êtes célibataire, calmez votre cœur et effacez les douleurs passées pour accueillir l'abondance qui arrive dans votre vie amoureuse.

## DÉCLINAISON PROFESSIONNELLE

Vous êtes au sommet de votre potentiel, toutes vos ressources personnelles fonctionnent de concert. Elles vous dotent d'une efficacité redoutable et d'un rayonnement puissant. Acuité intellectuelle, expérience, endurance, capacité relationnelle et réseau vous permettent de concrétiser tous vos projets de carrière. Vos qualités sont reconnues et vous permettent d'accéder aux postes les meilleurs, avec à la clé une nette amélioration de vos revenus.
***Suggestion :*** restez mesuré·e dans vos propos et votre attitude. Sachez faire preuve d'humilité et de bienveillance si vous ne souhaitez pas vous attirer rancœurs et jalousies. Cet accomplissement, pour être parfait, demande maturité et grandeur d'âme. Ouvrez votre cœur et faites profiter votre entourage de cette abondance qui vous est donnée.

## DÉCLINAISON FINANCIÈRE

Vous parvenez avec cet hexagramme au sommet de l'expansion, et votre prospérité est assurée. Vous pourriez bénéficier de beaucoup de chance. Les opportunités sont nombreuses, et vous croisez les bonnes personnes au bon moment. Les opérations immobilières se font à votre avantage, vous bénéficiez de largesses et de facilités : l'argent rentre. Tout est réuni pour faire avancer vos projets financiers à grands pas.
***Suggestion :*** accueillez cette abondance (vous la méritez) et concrétisez vos plus grands projets. N'oubliez pas cependant que la vie est faite de cycles et que vous êtes à l'apogée de l'un de ceux-ci.

## POUR ALLER PLUS LOIN

Le bonheur peut faire peur. Par certains mécanismes psychiques, nous le fuyons parfois…

# 56 LU, LE VOYAGEUR

*Trigrammes constitutifs : le trigramme inférieur est gen (l'immobilisation, la montagne) et le trigramme supérieur est li (ce qui s'attache, le Feu).*

***Errance, l'inconnu.***

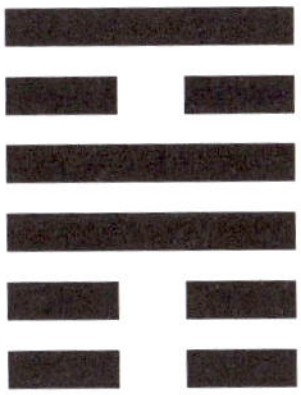

6. Comportement conduisant à la perte de tous les acquis.
5. Talents officiellement reconnus.
4. Stabilité confortable offerte, mais insatisfaction demeure.
3. La désinvolture a ruiné ce havre qui s'offrait.
2. Aide bienveillante, pause pour se ressourcer.
1. Impréparation très préjudiciable.

## SENS GÉNÉRAL

Dans ces moments de peu de repères et de faible visibilité, *lu* invite à la vigilance et à la réserve. Il s'agit là de déployer des capacités d'adaptation face aux situations rencontrées. Le moment n'est pas venu de se distinguer, mais de s'insérer : une place sera trouvée à cette condition.

## DÉCLINAISON AFFECTIVE

Cet hexagramme indique que vous ne savez plus trop où vous en êtes dans votre couple. Vous vous sentez seul·e. Votre partenaire n'est pas forcément à incriminer, c'est plutôt le temps qui passe. Vous traversez une période de doutes, comme si vous ne trouviez plus de sens à votre

union : soit vous soit votre autre n'y trouvez plus votre place. Vous pourriez avoir envie d'une pause ou de vacances. Certain·e·s envisagent d'aller voir si l'herbe est plus verte ailleurs et pourraient se laisser tenter par une autre histoire. D'autres réfléchissent même à une rupture définitive.
Si vous êtes célibataire, votre intuition vous pousse à sortir des sentiers battus. Pour cela, vous n'hésitez pas à partir en voyage, à pratiquer une activité nouvelle et à tourner votre regard vers des personnes ne correspondant pas à vos critères d'antan. Une rupture avec votre environnement habituel et l'audace d'abandonner vos schémas ordinaires semblent le passage obligé d'un nouveau départ amoureux. Il en ressortira une rencontre déterminante.
***Suggestion :*** en couple, faites profil bas si vous pensez que votre union traverse juste une crise passagère et que demeurent de belles choses à sauver dans votre histoire. Essayez de reprendre votre place, petit à petit, auprès de votre partenaire, en le surprenant par de petites attentions discrètes. Faites-vous désirer grâce à une touche de mystère ou en étant moins « à disposition ». Dans tous les cas de figure, procédez par petites touches, sans drame et sans tapage. Songez peut-être à prendre des vacances ensemble : un nouveau cadre et un autre rythme pourraient vous rapprocher. Et si votre histoire n'a plus de raison d'être, ne tentez pas de la sauver à tout prix : mieux vaut se quitter bons amis que de laisser les rapports s'envenimer.
Si vous êtes célibataire, n'hésitez pas à mettre un terme à toute idylle plus ou moins récente qui tourne en rond ou vous blesse plus qu'elle ne vous fait de bien. Pour aller de l'avant, *lu* vous invite à tirer un trait sur le passé et à abandonner tout ce qui est devenu trop pesant. Voyagez, partez à la rencontre de nouvelles personnes. Osez des situations inédites. Celles-ci révéleront une autre part de vous-même et augmenteront votre confiance en vous. C'est en renonçant à un passé révolu et dans l'espace intermédiaire de nouvelles expériences que vous

allez dessiner votre futur sentimental. L'engagement viendra plus tard, ne précipitez rien, ne bousculez personne.

## DÉCLINAISON PROFESSIONNELLE

Vous prenez conscience que vous n'avez plus rien à attendre du poste occupé ni de votre situation professionnelle. Vous ne vous y sentez plus à votre place, inutile, ou peut-être avez-vous « fait le tour » de vos missions. Mutation, rupture conventionnelle, changement de service, emploi mobile, travail en intérim… tout ce qui occasionne un changement et permet de retrouver sens et équilibre au travail est à privilégier. Cette transition nécessite souvent de fortes remises en question, un changement de perspectives, une prise de recul. Une formation est envisagée et bénéfique.
***Suggestion :*** *lu* invite à sortir de sa zone de confort. Faites vos valises, renoncez à certains acquis. Acceptez des situations temporaires qui vous permettront de construire la suite. Explorez, testez des situations professionnelles éloignées de vos repères habituels. Il ne s'agit pas de s'engager pour l'instant. En transit, dans un entre-deux, vous êtes invité·e à vous questionner, comme le ferait un voyageur mentalement disponible : où aller ? quelles sont mes motivations ? quel est mon potentiel ? que dois-je travailler pour évoluer ? quelles sont mes valeurs ? quelle direction a un sens pour moi ?

## DÉCLINAISON FINANCIÈRE

Cet hexagramme est peu propice à la stabilité financière. En cas de besoin, il va falloir frapper à beaucoup de portes avant d'obtenir les fonds sollicités. Les projets sont difficiles à réaliser, et vous êtes peu soutenu·e, car vous ne possédez pas les bons réseaux.
***Suggestion :*** l'heure est davantage à la réflexion qu'aux engagements. Avec cet hexagramme, il ne faut pas hésiter à renoncer à d'anciens

projets ou à remettre en question la façon de les réaliser. Ne forcez rien et restez ouvert·e aux idées que vous pourriez glaner ici et là ; écoutez vos intuitions. Dans vos rapports avec des décideurs ou des banquiers, respectez soigneusement le protocole, souvenez-vous que vous n'êtes pas en terrain conquis. Faites montre de sérieux pour rassurer vos interlocuteurs.

## POUR ALLER PLUS LOIN

La vie n'est pas un long fleuve tranquille. Souhaitez-vous vraiment dévoiler toutes vos escales ?

# 57 XUAN, LE DOUX, LE PÉNÉTRANT, LE VENT

*Trigrammes constitutifs : hexagramme double, répétition du trigramme xuan (le doux, le vent) en bas et en haut.*

***Constance, subtilité, persévérance, bienveillance, bonté, lâcher-prise, soumission stratégique, flexibilité, approche douce.***

6. Trop d'accommodement cause des pertes.
5. Adopter la bonne attitude dans cette situation très féconde.
4. Action et modestie occasionnent estime et progression.
3. Une soumission hâtive ou imposée pose problème.
2. Une allégeance volontaire ouvre des perspectives.
1. Flexibilité ne signifie pas indécision.

## SENS GÉNÉRAL

Dans cette situation contraignante où l'on n'est pas le maître du jeu, *xuan* invite à attendre son heure avec endurance, à persévérer vers son objectif sans aller à la confrontation. Il s'agit d'avancer, de croître et d'influencer de façon obstinée et discrète tout en adoptant une posture de soumission volontaire.

## DÉCLINAISON AFFECTIVE

Vous avez le sentiment de piétiner, car votre couple fait du sur place. Ce n'est pas étonnant, *xuan* vous montre indécis·e et en retrait. Cette

monotonie résulte peut-être d'une tendance à préférer le cocooning à tout autre chose, attention à ne pas en devenir trop casanier·ère ! Pourtant, vous avez le pouvoir de redonner progressivement une dynamique à votre union.
Si vous êtes célibataire, cet hexagramme décrit une situation de forte attirance, mais dans laquelle les sentiments progressent lentement. Vous souffrez peut-être de dispersion ou d'un manque de certitudes sur ce qui vous convient. Vous êtes en proie à mille questions : Est-ce vraiment la bonne personne ? Suis-je prêt·e ? La cohabitation peut-elle me convenir ? À force de tergiverser, vous pourriez décourager la personne en face de vous et faire échouer toute nouvelle rencontre.
***Suggestion :*** en couple, cet hexagramme recommande de faire taire tous vos doutes. Exprimez clairement vos sentiments à votre moitié. Ne laissez pas galoper votre imagination en projetant sur elle vos propres hésitations. Pratiquez le lâcher-prise et faites confiance aux événements, sans perdre votre cap. Glissez-vous dans le cours des choses pour l'infléchir avec délicatesse et obstination en votre faveur.
Si vous êtes célibataire, définissez une bonne fois pour toutes ce que vous souhaitez dans le domaine sentimental, puis restez constant·e dans la poursuite de votre bonheur. Vous avez peut-être croisé récemment la personne idéale pour vous, si ce n'est fait l'univers y travaille. Il est temps désormais de faire taire un mental source de doutes stériles et d'avancer en vous laissant porter par l'autre, par la relation et par votre voix intérieure. Vous ne risquez rien, alors laissez les événements suivre leur cours et vous verrez où ils vous emmènent !

## DÉCLINAISON PROFESSIONNELLE

Votre empathie et votre amabilité ont permis d'asseoir votre situation professionnelle. Tout poste lié à ces qualités est d'ailleurs favorisé. Vous pourriez cependant avoir la sensation de vous trouver dans une position subalterne qui ne vous convient pas. Celle-ci est certainement la conséquence d'une forme d'indécision et de votre personnalité arrangeante. Les événements vous conduisent cependant vers un changement positif.

***Suggestion :*** *xuan* indique qu'une évolution s'impose. Celle-ci doit se faire en tenant compte des contraintes de l'environnement : événements et personnes. Il est donc nécessaire d'écouter votre intuition pour mieux saisir l'air du temps. Agissez avec détermination et douceur, stratégie et tact, ténacité et discrétion. Il y a un juste équilibre à trouver pour profiter de ce flux porteur et aller dans son sens tout en gardant votre cap. Concrètement, soyez à l'écoute des informations qui circulent et des opportunités qui se présentent. Vous entendez parler d'un poste ou d'un emploi ? Alors posez votre candidature, sans trop communiquer à son sujet. Un supérieur évolue ? Ne faites pas de sur place, sachez utiliser votre collaboration passée, fructueuse, pour solliciter son soutien dans votre projet. Un marché s'ouvre ? Osez répondre à l'appel d'offres en allant jusqu'au bout de votre démarche.

## DÉCLINAISON FINANCIÈRE

*Xuan* indique que votre indécision empêche vos finances de progresser. En effet, enclin·e aux doutes, vous ne finalisez pas vos projets. Il est possible aussi que vous erriez au gré de vos envies ou de vos idées changeantes. Trop velléitaire ou frileux·se, vous pourriez en être réduit·e à déplorer la stagnation de votre situation matérielle. Pourtant, de belles occasions de faire progresser vos finances se présentent, il vous suffit de savoir vous en saisir.

***Suggestion :*** achat d'un bien immobilier, montant à épargner ou à investir… cet hexagramme vous invite à définir vos projets et à vous y tenir, même si vous devez effectuer des démarches fastidieuses ou y consacrer du temps. Dès lors que vous êtes à la fois opiniâtre dans vos objectifs et subtil·e dans votre action, vous pouvez compter sur *xuan* pour faire aboutir vos entreprises.

## POUR ALLER PLUS LOIN

Progresser dans le sillage d'une personne est parfois avantageux. Quelles précautions prendre pour ne pas y perdre son âme ?

# 58 DUI, LE SEREIN, LE JOYEUX, LE LAC

*Trigrammes constitutifs : hexagramme double, répétition du trigramme dui (le joyeux, le lac) en bas et en haut*

***Satisfaction, communication, confiance, dialogue, apaisement.***

6. Les plaisirs faciles ont éloigné de soi-même et desservent.
5. Se garder des situations troubles et des troublions.
4. Bannir précipitation et exaltation, vivre une joie sincère.
3. Attention à ne pas se laisser aller à des satisfactions illusoires.
2. Se laisser porter par des échanges harmonieux et fructueux.
1. Faire l'expérience de la joie et la partager.

## SENS GÉNÉRAL

Dans cette situation d'ouverture où les espoirs s'accomplissent, *dui* invite à l'échange et à la complémentarité. Le moment est au partage du bien-être. Les rapports légers, francs et amicaux sont à privilégier. La confiance est de mise.

## DÉCLINAISON AFFECTIVE

Vous vivez désormais une vie de couple harmonieuse et gratifiante. En découle une vraie joie partagée qui vous ravit. Vous avez l'art et la manière de transformer tous les petits moments du quotidien en occasions de réjouissance. Anniversaires, réunions entre amis, réussite à un examen, arrivée d'une personne chère, sont autant d'occasions de faire plaisir et de se faire plaisir. Au-delà de ces petits bonheurs, vous concrétisez des projets à deux plus ambitieux. En effet, grâce à votre authenticité et à votre optimisme, tout vous sourit.

Si vous êtes célibataire, la vie de réclus·e appartient au passé. Votre cœur est guéri de ses blessures, et vous retrouvez une belle énergie qui vous pousse à sortir davantage. Vos amis sont au rendez-vous, et vous saisissez toutes les occasions de partager des moments de réjouissance. Vos qualités de franchise et de positivité sont particulièrement appréciées. Vous rencontrez beaucoup de succès. C'est dans ce contexte que la providence place sur votre chemin une belle personne et vous promet un amour partagé, chaleureux et passionné.

***Suggestion :*** que vous soyez libre ou engagé·e, réjouissez-vous de ces présents de la vie. Ils sont le reflet de votre personnalité chaleureuse et enthousiaste. Souvenez-vous que la joie s'entretient et se multiplie grâce à son partage.

## DÉCLINAISON PROFESSIONNELLE

Votre carrière amorce une phase de redressement, car vous avez su tantôt vous adapter tantôt réagir, selon les circonstances. Toutes les planètes sont alignées pour favoriser votre ascension. Vous en tirez de grandes joies que vous n'hésitez pas à partager. Plus encore, vous éprouvez le bonheur d'exercer une activité conforme à votre vocation et vos aptitudes. Certain·e·s découvrent le plaisir de la belle ouvrage.

***Suggestion :*** manifestez votre joie sur votre lieu de travail en partageant vos idées, vos savoirs et vos réussites. Fuyez toute satisfaction égoïste. *Dui* invite à l'harmonie relationnelle, à l'amitié. Profitez de cette belle énergie pour pacifier les situations qui le nécessitent.

## DÉCLINAISON FINANCIÈRE

Aucune ombre à l'horizon dans ce domaine, car vos finances sont prospères. Si vous avez traversé, par le passé, une période de vaches maigres ou que vous étiez gêné·e aux entournures en raison de charges contraintes ou de prêts, tout cela est bien terminé. Les amis et soutiens répondent présents quand vous les sollicitez. Vous vous en réjouissez et êtes bien décidé·e à vous accorder tous les petits et grands plaisirs qui vous tentaient jusqu'alors.

***Suggestion :*** pour que cette joie soit complète, partagez-la. Utilisez votre argent pour des actions qui réjouiront votre cœur. Profitez de cette aisance matérielle pour tendre la main à vos proches. Fuyez les plaisirs tristes ou égoïstes. Dans cette période euphorique, entretenez tout de même une petite once de raison afin que votre « fortune » ne fonde pas comme neige au soleil.

## POUR ALLER PLUS LOIN

Tout sentiment a sa raison d'être. Alors que vous étiez joyeux, d'aucuns étaient tristes. Vous en souvenez-vous ?

# 59 HUAN, LA DISSOLUTION, LA DISPERSION

*Trigrammes constitutifs : le trigramme inférieur est kan (l'insondable, l'Eau) et le trigramme supérieur est xuan (le doux, le vent).*

***Revitalisation, épuration, balayage à grande eau, séparation.***

6. Dissolution achevée, sérénité retrouvée.
5. Remaniement total pour un beau projet, sang-froid requis.
4. Promotion après dissolution de l'entourage et des valeurs qui enkystent.
3. Dissolution périlleuse de sa propre structure, profitable au final.
2. Dissolution partielle avérée mais bénéfique.
1. Retour à l'harmonie si désir sincère et confiance.

## SENS GÉNÉRAL

*Huan* invite à dissoudre les rigidités, notamment celles des structures devenues obsolètes. Il s'agit d'un moment salutaire où l'on se débarrasse de ce qui compartimente, encombre, pour retrouver unité et fluidité.

## DÉCLINAISON AFFECTIVE

*Huan* indique parfois des événements qui vont contraindre les couples à se séparer momentanément. Un déménagement, la nécessité de s'occuper de sa famille, un changement d'emploi, peuvent par exemple en être les causes. Dans une moindre mesure, vous pouvez juste rencontrer des difficultés de communication ou avoir des divergences d'opinions. Vous vous sentez, en conséquence, submergé·e soit par la désorganisation qui en résulte soit par vos émotions, que vous gérez difficilement. À condition de vous oublier momentanément et d'envisager sans amertume ce sacrifice personnel, votre relation en sortira joyeuse, grandie, plus fluide.

Si vous êtes célibataire, il est possible que vous soyez blessé·e par une séparation récente qui s'est imposée à vous. Cet hexagramme indique que, de ce fait, vous vous repliez sur vous-même et vous isolez de votre entourage. Il est même probable que vous vous coupiez de vos propres ressentis, et donc de vous-même.

***Suggestion :*** en couple, veillez à maintenir une harmonie dans vos échanges et à ne pas accabler ou blesser votre conjoint·e. Exprimez avec des mots justes et mesurés ce que vous vivez douloureusement. Essayez de vous tourner vers des choses qui vous inspirent, restez centré·e. Toute pratique spirituelle ou collective qui permet de retrouver un équilibre interne est à favoriser. Fuyez amertume et égoïsme. Lâchez prise et débarrassez-vous de ce qui ne vous appartient pas, les mémoires transgénérationnelles par exemple. Vous vous réjouirez, le moment venu, du travail personnel occasionné par cette période chaotique.

Si vous êtes célibataire, laissez derrière vous cette expérience du passé et prenez-la pour ce qu'elle est : juste une expérience. Regardez-la avec détachement et conservez uniquement les enseignements positifs qu'elle a occasionnés. Réconciliez-vous avec vous-même et ouvrez-vous à nouveau aux autres. La meilleure façon de retrouver votre équilibre est de vous oublier, de vous mettre au service d'une cause, de pratiquer une activité collective. N'attendez rien et laissez les événements vous surprendre.

## DÉCLINAISON PROFESSIONNELLE

Vous ne vous sentez pas épanoui·e sur votre lieu de travail. Sont en cause des relations peu fluides avec vos collègues ou interlocuteurs. Chacun semble camper sur son quant-à-soi et sur ses intérêts personnels. Des clans se sont peut-être formés. Il est possible également que des rigidités dans le fonctionnement ou dans les procédures affectent les résultats.
***Suggestion :*** dissipez les malentendus avant qu'ils ne s'installent. Privilégiez tout ce qui favorise les liens et fluidifiez les échanges. Acceptez le point de vue d'autrui, car il est certainement recevable. Faites des concessions avec le sourire, soyez fair-play et bienveillant·e. Fixez-vous des objectifs collectifs. Supprimez toutes les procédures obsolètes qui permettent juste aux un·e·s et aux autres de se protéger, de différer ou même de ne pas faire. Jouez collectif.

## DÉCLINAISON FINANCIÈRE

Des désaccords menacent vos finances. Il est possible que vous n'ayez pas accès à tous vos fonds ou que vous soyez dépité·e à la suite d'une division ou d'un partage qui vous semble désavantageux. Vous pourriez aussi avoir le sentiment que vous faites un sacrifice injuste. Grâce à une communication sans projection ni incrimination, il est tout à fait possible de rétablir cette situation.
***Suggestion :*** ne laissez pas les divergences s'installer. Pour ce faire, éclaircissez au plus vite les malentendus et n'hésitez pas à vous mettre à la place d'autrui. Laissez tomber vos défenses, il est fort probable qu'aucune malveillance ne soit à mettre en cause. Cette affaire d'argent peut se résoudre sans laisser de traces dans vos relations ; pour cela, ne nourrissez aucune rancœur.

## POUR ALLER PLUS LOIN

Vous attacher à sauver votre image vous a mis en tension, et, finalement, vous avez pris une décision qui vous a desservi. En quelle occasion ?

60

# JIE, LA LIMITATION

*Trigrammes constitutifs : le trigramme inférieur est dui (le joyeux, le lac) et le trigramme supérieur est kan (l'insondable, l'Eau).*

***Retenue, règles, maturité, contrainte.***

6. Trop de régularisation freine, c'est provisoire.
5. Retenue et mesure permettent l'élévation.
4. S'appuyer sur des limites stables permet d'avancer.
3. Nécessité d'opérer une autocritique.
2. Il est grand temps de s'ouvrir et d'agir.
1. Rester à sa place écarte le danger.

## SENS GÉNÉRAL

Dans cette situation, *jie* rappelle qu'il ne faut pas vivre les règles et le cadre comme des frustrations, mais au contraire comme des étayages. Les limites permettent de structurer l'action et de l'optimiser. La discipline personnelle contribue à la progression.

## DÉCLINAISON AFFECTIVE

Vous pourriez avoir perdu la boussole de votre couple et alterner des phases de doute, de rapprochement et d'éloignement. Tout semble excessif : tantôt chagrin et crises, tantôt joie et réconciliations. Vous avancez au gré des événements, de vos sautes d'humeur et de vos émotions. Cet hexagramme indique qu'il est désormais nécessaire d'échanger avec votre partenaire sur ce que vous attendez l'un·e et l'autre de la relation comme sur le futur que vous souhaitez lui dessiner.

Si vous êtes célibataire, les temps sont propices aux rencontres et aux élans du cœur, et vous avez tendance à naviguer à vue en oubliant vos attentes réelles. À vous laisser griser par des jeux de séduction, vous risquez de perdre vos repères.
***Suggestion :*** en couple, redéfinissez ensemble les contours de votre relation. Échangez sur vos besoins et vos seuils d'acceptabilité respectifs. Voyez ce qu'il faut mettre en œuvre pour que chacun·e se sente respecté·e, et surtout aimé·e. Évitez certaines attitudes ou paroles qui pourraient être blessantes. Donnez et recevez de façon équilibrée. Retrouvez la voie de l'harmonie.
Si vous êtes célibataire, *jie* vous recommande de vous recentrer sur vos objectifs et d'user de votre pouvoir de séduction actuel pour les réaliser. Reconnectez-vous à votre intuition et à votre être profond, ils vous guideront sans détour vers la bonne personne.

## DÉCLINAISON PROFESSIONNELLE

Les débordements en tous genres (humains ou financiers) ou les projets mégalomaniaques n'ont pas lieu d'être. Il en va de même pour l'excès de contrôle, de discipline, et pour les cadres trop stricts. Tout est question de justesse, et *jie* ne manque pas de vous le rappeler. Si vous recherchez un emploi, les postes d'encadrement, de gestion, de contrôle qualité, ou ceux pour lesquels on utilise des instruments de mesure sont favorisés.
***Suggestion :*** avec cet hexagramme, on (se) fixe des objectifs réalistes et on se donne les moyens d'évaluer leur progression comme leur évaluation. Pour ce faire, il convient d'analyser au préalable les tenants et les aboutissants de toute situation et de composer avec eux. Mesurer, limiter, contenir, contraindre, sont des verbes qui guident vos actions. Fuyez les excès de toutes sortes. Actes et paroles doivent être contenus et justes. Vous devez vous imposer la discipline que vous imposez à autrui. Équilibre et mesure en toute chose !

## DÉCLINAISON FINANCIÈRE

Cet hexagramme montre qu'il est nécessaire de composer avec le principe de réalité. Vous pourriez vous sentir frustré·e, car vos désirs ou vos dépenses excèdent vos moyens. Vos économies sont insuffisantes, les banques vous refusent un crédit, ou un proche que vous avez sollicité se montre peu complaisant. Vous êtes dépité·e. Pourtant, cette situation est salutaire, car elle redonne un cap à vos finances et vous aide à faire la distinction entre besoins et désirs…

***Suggestion :*** c'est le moment de revoir votre budget et de mettre en adéquation vos revenus et vos dépenses. Le temps où vous consultiez vos comptes uniquement en cas d'appel de votre conseiller bancaire ou de rejet de chèques semble terminé. Si vous avez un projet d'envergure, alors épargnez. Avec un apport, vous serez plus crédible pour solliciter un prêt. Cet hexagramme vous invite à entrer dans une gestion mature qui sécurisera votre avenir.

## POUR ALLER PLUS LOIN

En l'absence de digues, les émotions débordent, tout comme le cours d'eau…

# 61 ZHONG FU, LA VÉRITÉ INTÉRIEURE

*Trigrammes constitutifs : le trigramme inférieur est dui (le joyeux, le lac) et le trigramme supérieur est xuan (le doux, le vent).*

***Conscience, authenticité, éveil, sincérité, loyauté.***

6. L'arrogance cause la dysharmonie.
5. Liens sincères et loyauté sont bénéfiques.
4. Solitude provisoire sans dommage.
3. Joies et peines se succèdent.
2. Accueillir les bienfaits de l'union et du partage.
1. Se préparer pour affronter des troubles.

## SENS GÉNÉRAL

Dans ces circonstances, *zhong fu* invite à agir de façon confiante et en accord avec son être profond. Dans les relations, la sincérité et la reconnaissance de la légitimité d'autrui apportent la sérénité.

## DÉCLINAISON AFFECTIVE

Vous vous sentez en osmose complète avec l'élu·e de votre cœur. Vous avez l'un·e et l'autre la certitude de vivre une relation qui vous était destinée. Ce constat s'impose à vous, et vous n'avez besoin d'aucune approbation extérieure. Votre cœur vous le souffle, et vous l'expérimentez jour après jour en votre for intérieur. Les événements favorables qui viennent à vous renforcent cette intuition d'un amour

infini et juste, en accord avec votre vérité intérieure. Tout est fluide. Vous partagez la même vision du monde.
Si vous êtes célibataire, *zhong fu* annonce l'arrivée d'un grand amour, telle une évidence, car vous êtes en parfait accord avec votre essence profonde, celui qui advient lorsque tombent les masques de l'ego. Grâce à cet amour, votre appréhension du monde va évoluer : votre vie s'en trouvera transformée, tant dans la matière que sur le plan spirituel.
***Suggestion :*** le besoin de contact et de caresses est impérieux. Il est le reflet de l'évidence de votre lien et de vos élans affectifs. Cédez-y, vous vous régénérez ainsi. Saisissez toutes les occasions positives que vous présente cet hexagramme, laissez-vous aller intuitivement à son influence bienfaisante. Si, parfois, de petites dissensions apparaissent, elles ne méritent pas de s'y attarder. Restez dans l'accueil de vos intuitions et à l'écoute de votre partenaire pour les dissoudre.
Si vous êtes célibataire, n'acceptez aucune relation ambivalente ou cachée. À force de concessions dégradantes, vous finiriez par oublier votre nature profonde et perdre votre énergie. Refusez l'ascenseur émotionnel, il est mortifère. *Zhong fu* vous invite aux seuls jeux amoureux qui vaillent : ceux, légers et intenses, qui révèlent votre enfant intérieur. Écoutez vos intuitions, soyez attentif·ve aux synchronicités. Restez sur la voie de votre vérité fondamentale, elle vous guide avec certitude vers l'accomplissement sentimental et, au-delà, vers votre individuation.

## DÉCLINAISON PROFESSIONNELLE

Votre vocation et vos compétences vous apportent équilibre et réussite au travail. Il est question de rester en phase à la fois avec votre nature profonde et avec celle de votre entourage. La loyauté envers votre environnement professionnel ou votre hiérarchie est une des clés du succès dans vos entreprises. À cette condition, vous obtenez de l'aide en cas de danger. Dans cet esprit, un développement est possible : nouvelle équipe, nouvelle filiale, etc.

***Suggestion :*** cet hexagramme invite à être sincère et bienveillant·e. Établissez un climat de confiance. Restez centré·e tout en ménageant vos relations. Cette attitude est déterminante pour le maintien de votre statut professionnel et son évolution. Créez un égrégore, unissez vos intentions et vos forces avec les personnes qui partagent les mêmes objectifs que vous.

## DÉCLINAISON FINANCIÈRE

Vos besoins et désirs matériels sont comblés dès lors que vous êtes sincère. De vos relations avec les donateurs ou les prêteurs dépend le résultat de vos démarches, car on apprécie la légitimité de vos demandes et la transparence de vos comptes.
***Suggestion :*** créez un climat de confiance avec vos interlocuteurs. Pour cela, dites la vérité sur vos projets, vos revenus et vos charges ; communiquez les documents demandés. Restez à l'écoute des conseils et suggestions. Montrez que vous avez une vision claire, que vous avez anticipé les conséquences de vos choix et que vous respectez une éthique. Cette attitude rassurera les personnes sollicitées.

## POUR ALLER PLUS LOIN

Faire taire le mental permet une présence totale à l'instant présent et aux synchronicités. Avez-vous vraiment essayé ?

62

# XIAO GUO, LA PRÉPONDÉRANCE DU PETIT

*Trigrammes constitutifs : le trigramme inférieur est dui (le joyeux, le lac) et le trigramme supérieur est xuan (le doux, le vent).*

***Risque d'inadéquation par excès, détails, marge de manœuvre étroite.***

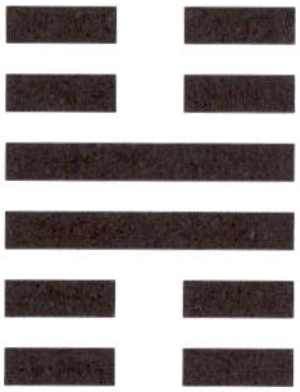

6. Trop d'ambition conduit au désastre.
5. Ambitions excessives revues alors une main se tend.
4. Avancer avec précautions et vigilance.
3. Danger caché imminent, prudence.
2. Préférer un interlocuteur de second rang.
1. Ne pas s'illusionner et patienter.

## SENS GÉNÉRAL

Dans cette situation où la marge de manœuvre est étroite et où de possibles faux-semblants existent, *xiao guo* invite à agir avec prudence et modestie. C'est une période de transition où il convient d'avancer discrètement, en bannissant tout excès.

## DÉCLINAISON AFFECTIVE

En couple, vous pourriez être tenté·e d'en faire trop : trop de scènes, trop d'effusions, trop d'attentes. Ces excès sont certainement dus à une appréciation erronée de la situation, car votre conjoint·e ne se livre pas suffisamment. Toutefois, dans la mesure où vous savez rester mesuré·e et vous ravir des petits plaisirs que vous offre la vie de tous les jours, aucune crise grave n'est en vue. On pourrait dire que vous avancez précautionneusement sur un passage escarpé, mais qu'une belle amélioration vous attend à l'arrivée.

Si vous êtes célibataire, cet hexagramme met en garde contre les passions enflammées et les grandes manœuvres en matière de séduction. Le bonheur se trouve dans les petits riens, au travail et dans votre cercle amical. Un message, un geste ou une attention portée à autrui pourraient avoir un impact sur votre vie amoureuse future. C'est bien au-delà de ce que vous imaginez aujourd'hui.

***Suggestion :*** en couple, sachez apprécier les bonheurs simples de la vie commune. Ne bousculez pas l'élu·e de votre cœur si vous le·la sentez distant·e, c'est par les petites attentions qu'il·elle rependra pied dans la relation. Restez mesuré·e dans vos propos. Offrez-lui son péché mignon, agissez avec délicatesse. Soignez les détails du quotidien. Améliorez votre vie ordinaire, mais ne tentez pas de la révolutionner. Tranquillisez-vous.

Si vous êtes célibataire, réjouissez-vous des joies simples et de la liberté que vous offre la vie en solo. Cocooning, sorties entre amis, sport, massage, shopping, tout ce qui vous fait du bien augmente votre rayonnement. Évitez toute séduction offensive, cet hexagramme parle de la beauté des petits riens. Ne bloquez pas votre vie sentimentale en raison d'attentes irréalistes ou d'idéalisations quelconques. Ouvrez bien les yeux pour ne pas passer à côté de votre âme sœur. Sa discrétion probable cache une grande richesse que vous n'entrevoyez pas pour l'instant.

## DÉCLINAISON PROFESSIONNELLE

La situation est peu lisible et comporte des risques. Par conséquent, cet hexagramme vous met en garde contre toute ambition démesurée, prise d'indépendance ou de responsabilité. Tout ceci vous plongerait dans de grandes difficultés, voire mènerait au désastre. Votre marge

de manœuvre est donc très réduite. Vous ne pouvez, pour l'instant, ni exploiter pleinement votre potentiel ni faire preuve d'initiatives importantes. Il est plutôt question de maintenance, d'entretien, de bonne gestion des affaires courantes et de vigilance. C'est donc en jouant la sécurité, en vous montrant loyal·e, en assurant votre part de travail habituelle (parfois ennuyeuse), que vous vous assurerez une progression ultérieure. En effet, cette attitude modeste vous garantit un succès qui se révélera plus tard.
***Suggestion :*** dans cette période délicate, restez humble mais digne. Faites preuve de réalisme face aux divers empêchements possibles. Avancez lentement en composant avec votre vulnérabilité. Un juste équilibre est à trouver entre modestie et habileté, prudence et persévérance. Soyez soucieux·se des détails. *Xiao guo* invite à faire allégeance tout en jouant discrètement son rôle. Cette ligne de conduite vous vaudra d'être apprécié·e et reconnu·e, elle vous assurera le succès.

## DÉCLINAISON FINANCIÈRE

La situation recèle une part d'inconnu, de complexité et de nocivité. Cet hexagramme met en garde contre toute tentative de briller. Les projets d'envergure et les investissements importants vous conduiraient directement à la faillite, il faut donc les différer. De toute façon, vous n'avez pas l'assise financière pour envisager d'aller au-delà de votre train de vie actuel. Vous êtes dans une phase préparatoire, l'heure est donc plus à l'épargne qu'à la dépense.
***Suggestion :*** apportez du soin aux affaires courantes. Suivez rigoureusement vos comptes. Veillez aux détails, aux petites lignes des contrats. Soyez économe. Par exemple, ce n'est pas le moment de souscrire un prêt important, voyez plutôt si vous pouvez en renégocier le taux ou changer l'assurance de ceux en cours. Il ne s'agit pas de faire du sur place, mais de progresser à petits pas sans prendre de risques.

## POUR ALLER PLUS LOIN

Parfois, seule une attitude modeste et ajustée permet d'avancer. Vous l'avez déjà constaté.

# 63 JI JI, APRÈS L'ACCOMPLISSEMENT

**Automne**

*Trigrammes constitutifs : le trigramme inférieur est li (ce qui s'attache, le feu) et le trigramme supérieur est kan (l'insondable, l'Eau).*

***Apogée, en cours d'achèvement.***

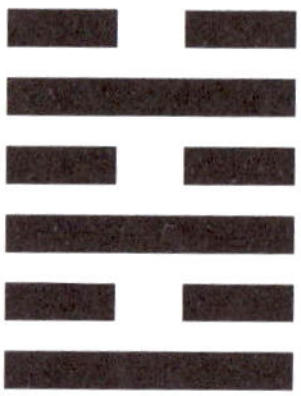

6. Perte de contrôle de la situation.
5. Privilégier les petites choses et l'authenticité pour réussir.
4. Prise de risques, nécessité de renoncer.
3. La situation nécessite compétence et persévérance.
2. Perte provisoire de toute protection, patienter.
1. Ralentissement sans conséquence.

## SENS GÉNÉRAL

À ce point d'achèvement, *Ji ji* invite à ne rien entreprendre de nouveau pour faire progresser la situation, car rien de mieux ne peut être fait. Seules les petites actions de « finition » ou celles qui permettent d'anticiper son évolution, sa transformation, sont de mise.

## DÉCLINAISON AFFECTIVE

Après avoir affronté diverses épreuves, votre couple jouit désormais d'un bel accomplissement. Votre vie sociale est rayonnante, et votre vie intime n'est pas en reste. Émotionnellement, physiquement, intellectuellement, vous vous comblez. Préserver l'équilibre n'est pas évident et demande

de ne pas céder au relâchement. Une petite voix vous souffle, en effet, de rester vigilant·e et en mouvement. Les petits signes d'un changement vous alertent : une mutation professionnelle, le charme inattendu d'une personne croisée…
Si vous êtes célibataire, cet hexagramme annonce une nouvelle phase de votre vie sentimentale. Vous avez fait le tour des relations passées et atteint une vraie sérénité. Vous jouissez pleinement de cette période d'équilibre tout en percevant de microévénements qui annoncent le bouleversement dû à la belle histoire qui arrive. Vous saurez vous donner les moyens de cette nouvelle vie, le moment venu.
***Suggestion :*** en couple, savourez pleinement ces instants de grâce, sans toutefois baisser la garde. Si vous avez atteint votre but, n'oubliez pas pour autant cette loi des cycles qui annonce de nouvelles phases. Restez attentif·ve aux petits changements : les vôtres, ceux de votre partenaire, ceux de l'environnement. Veillez à ne pas reprendre de vieilles habitudes. Entretenez votre relation par mille petites attentions. Préparez en douceur, mais avec circonspection, la nouvelle étape qui s'annonce.
Si vous êtes célibataire, ne restez pas prisonnier d'une nostalgie du passé ou d'un quotidien équilibré, mais « plan-plan ». Accordez-vous des moments agréables et chaleureux avec vos amis, vos collègues. Prenez soin de vous et de votre apparence. Anticipez l'inattendu. Bref, préparez ce qui vient.

## DÉCLINAISON PROFESSIONNELLE

Les objectifs professionnels que vous vous êtes fixés sont atteints, ceci, quel que soit votre niveau de responsabilité. Quelques détails peuvent encore être à régler pour finaliser votre statut ou votre rémunération mais, dans le principe, les choses sont acquises. Chercher à progresser encore ne ferait que précipiter votre chute. En effet, vous êtes parvenu·e au sommet de vos compétences actuelles et de vos diverses possibilités.

***Suggestion :*** c'est dans les détails que vous pouvez peaufiner votre réussite. Pour cela, adoptez une attitude adaptée en toutes circonstances, et surtout dans vos échanges. Restez dans une dynamique active de transition, et non d'innovation. Ne vous endormez pas sur vos lauriers, cette attitude précipiterait votre déclin. Pour maintenir votre position, suivez vos affaires.

## DÉCLINAISON FINANCIÈRE

*Ji ji* signale une stabilité financière à son apogée. Selon la logique des cycles, celle-ci ne peut être définitive. Les affaires et les entreprises vont évoluer dans une direction encore insoupçonnée, et vous devrez passer par une phase de réorganisation. Dans ces circonstances, vigilance et prudence sont requises.
***Suggestion :*** vos projets ont abouti et vous connaissez l'aisance financière. Cependant, face aux changements annoncés, cet hexagramme invite à éviter les grosses dépenses et les engagements à long terme. Ainsi, si vous achetez une maison, les événements de la vie (possiblement bons) vous obligeront à déménager rapidement. Si vous souhaitez anticiper votre départ à la retraite, des obligations familiales vont occasionner de grosses dépenses. Épargnez pour faire face aux frais imprévus et aux tournants de vie. Restez vigilant·e.

## POUR ALLER PLUS LOIN

Après l'accomplissement, vous êtes tenté·e de céder à la détente. La nécessité de préparer le cycle qui arrive vous rattrape : un équilibre est à trouver.

# 64 WEI JI, AVANT L'ACCOMPLISSEMENT

*Trigrammes constitutifs : le trigramme inférieur est kan (l'insondable, l'Eau) et le trigramme supérieur est li (ce qui s'attache, le feu).*

***Indétermination, doute, désordre, transformation, vigilance.***

6. Risque de perte par excès de confiance et de négligence.
5. Loyauté et détermination occasionnent des opportunités.
4. Ne pas ménager ses efforts, récompense à la clef.
3. Aller jusqu'au bout de l'entreprise sans brusquerie.
2. Ralentissement mais aide extérieure.
1. Prudence nécessaire, risque à trop avancer.

## SENS GÉNÉRAL

Situation précaire, peu lisible, jalonnée d'oppositions ou d'obstacles. En dépit des doutes et de l'usure, *Wei ji* invite à persévérer prudemment et à affronter les oppositions, vaille que vaille.

## DÉCLINAISON AFFECTIVE

Votre couple traverse une période troublée qui vous laisse dubitatif·ve sur son avenir. Vous sentez bien que quelque chose est révolu, et vous réfléchissez déjà à la suite. Pour certain·e·s, un rapprochement au sein du couple est toujours possible. Dans ce cas, rien ne sera plus comme avant. Pour d'autres, le constat conduira à tourner définitivement la page de leur histoire pour aller de l'avant, en solo ou avec un autre partenaire. Si vous êtes célibataire, *Wei ji* décrit une vie sentimentale chaotique. Tant que vous n'aurez pas remédié à cette confusion, il sera compliqué d'envisager un nouvel équilibre, seul·e ou à deux. Une fois nostalgie, blessure ou culpabilité dissoutes, vous pourrez vivre pleinement le meilleur qui arrive.

***Suggestion :*** le renouveau doit se faire lentement et passe par une étape d'analyse. Quelles sont les causes de la crise traversée : absence de communication ? désaccords fondamentaux ? envies différentes ? investissements affectifs déséquilibrés ? conditions extérieures ? En tout état de cause, des concessions, une mise à plat et des transformations s'imposent. Si ce chemin vous semble trop compliqué ou si vous ne croyez plus à cette histoire, alors il faudra peut-être avoir le courage d'une rupture. Dans ce cas, cet hexagramme vous invite à mobiliser vos forces et votre intelligence pour qu'elle se passe au mieux. Quelle que soit votre option, soyez confiant·e, car après ce laborieux « toilettage » amoureux adviendra le meilleur.

Si vous êtes célibataire, vous l'avez compris, un grand ménage est à opérer dans votre vie. Chassez les personnes toxiques, les sentiments confus et les idées noires. Retrouvez votre force et votre équilibre, puis avancez lentement mais sûrement vers des « objectifs sentimentaux » redéfinis. Cette traversée un peu houleuse vous conduit vers des rivages plus souriants où tout sera à réinventer à deux.

## DÉCLINAISON PROFESSIONNELLE

Une page s'est tournée, et vous allez rapidement être confronté·e à de nouveaux défis. Nouvel emploi, nouvelles responsabilités, reprise d'entreprise… tout est possible. Pour l'instant, vous ne maîtrisez rien, car il règne beaucoup de confusion et de désordre. Comme un explorateur qui arrive en terre inconnue, vous devez faire face à des forces visibles et invisibles, parfois hostiles ou contestataires. Cet hexagramme décrit une période de reprise en main qui précède une ère nouvelle positive.

***Suggestion :*** faites un état des lieux et rassemblez vos forces pour remettre chaque élément à sa place avant toute initiative nouvelle. Avancez avec prudence et attendez toujours le moment opportun pour agir, sinon tous vos efforts seront vains. Une fois ces précautions prises, vous pourrez définir des objectifs réalistes que vous mettrez en œuvre pas à pas, mais avec détermination. Une formation sera parfois nécessaire.

## DÉCLINAISON FINANCIÈRE

Vous vivez une période de transition. Les temps sont confus et vous disposez de peu de visibilité sur vos dépenses et revenus futurs. De même, ce moment charnière annonce une nouvelle étape de votre vie ou, plus modestement, un projet qui recèle une part d'inconnu ou d'inattendu.

***Suggestion :*** cet entre-deux est le moment idéal pour mettre de l'ordre dans vos affaires. Faites l'inventaire de vos ressources, de vos biens et de vos charges. Comme le moment n'est pas venu d'agir, profitez-en pour vous préparer. Informez-vous, prenez conseil auprès de juristes ou de banquiers. Faites réaliser les études techniques nécessaires, si vos projets le requièrent. Rédigez des prévisionnels, car vous devez rester prudent·e. Procédez à des expertises, si vous souhaitez vendre ou acheter. En cas de négociations, accordez-vous du temps, ne prenez aucune décision sous pression. À la condition de prendre toutes ces précautions, une amélioration certaine de votre situation matérielle est promise.

## POUR ALLER PLUS LOIN

Il vous est déjà arrivé de perdre tous vos repères face à une situation inédite. Et pourtant, vous avez avancé. Vous en souvenez-vous ?

# ANNEXES

# TABLEAU DES COMBINAISONS DE TRIGRAMMES

**La carte incluse dans ce coffret représente le tableau des combinaisons de trigrammes donnant les hexagrammes.**

Pour trouver votre hexagramme après un tirage, vous pouvez vous référer à la case correspondant à l'intersection des trigrammes inférieurs et supérieurs. *Par exemple, si vous avez calculé le trigramme inférieur dui et le trigramme supérieur chen, vous obtenez l'hexagramme 54 (l'épousée).*

# MODÈLE D'UNE GRILLE DE CONSULTATION

La grille ci-après constitue une véritable récapitulatif du tirage du maître. Elle se veut didactique. N'hésitez pas à l'utiliser lors de chacune de vos consultations car :

✦ elle vous permettra de n'oublier aucune étape ;

✦ elle soulagera votre mémoire les premiers temps, et vous évitera de vous référer sans cesse à la méthode, au risque de vous déconcentrer de l'essentiel des messages des hexagrammes ;

✦ elle est ponctuée de petits rappels (ex. : dessin de l'hexagramme nucléaire, détermination du délai de réalisation…) ;

✦ elle laissera le temps aux réflexes de l'interprétation de s'installer petit à petit ;

✦ elle vous permettra de conserver une trace écrite de vos premiers tirages et d'y revenir éventuellement, ou encore de confronter votre interprétation initiale aux événements tels qu'il se sont développés.

*Avec les trois sapèques, la carte des combinaisons des trigrammes et cette grille, vous disposez de tous les éléments vous permettant un tirage aisé et complet. Il vous suffira ensuite de consulter les interprétations dans le livre.*

**Date :** **Question :**

| **Hexagramme de situation**<br>**n° :**<br>**nom :** | **Fonction/stratégie au regard de la place du trait** | **Hexagramme de perspective**<br>**n° :**<br>**nom :** | **Hexagramme nucléaire**<br>**n° :**<br>**nom :** |
|---|---|---|---|
| **Dessinez les traits :** | | **Dessinez les traits :** | **Dessinez les traits à partir de l'hexagramme de situation** |
| 6 | **Sortie :**<br>conclure – sagesse – intuition – on récolte (bon ou mauvais, c'est selon) | 6 | 5 de l'hexagramme situation en 6 |
| 5 | **5 – Souverain :**<br>gouverner – commande ce qui est en dessous – on maîtrise la situation | 5 | 4 de l'hexagramme situation en 5 |
| 4 | **4 – Ministre :**<br>orchestre et transmet les ordres du souverain – rationalité (possible problème de communication à ce stade…) | 4 | 3 de l'hexagramme situation en 4 |
| 3 | **3 – Passage :**<br>franchissement de l'intérieur vers l'extérieur. Soumis aux influences du haut et du bas, aux désirs et au principe | 3 | 4 de l'hexagramme situation en 3 |
| 2 | **2 – Préfet :**<br>met en application, donne forme, on gère au quotidien | 2 | 3 de l'hexagramme situation en 2 |
| 1 | **1 – Seuil :**<br>enclencher une dynamique, rien n'est fait | 1 | 2 de l'hexagramme situation en 1 |

<table>
<tr>
<td>Hexagramme de situation :<br>Trigramme supérieur :<br>Trigramme inférieur :</td>
<td>Hexagramme de perspective :<br>Trigramme supérieur :<br>Trigramme inférieur :</td>
<td>Hexagramme nucléaire :<br>Trigramme supérieur :<br>Trigramme inférieur :</td>
</tr>
<tr>
<td rowspan="2">Avis et conseils de l'hexagramme de situation :</td>
<td rowspan="2">Avis et conseils de l'hexagramme perspective :</td>
<td>Ce qui est au cœur, l'invisible de la situation, le potentiel, le germe, soit la dynamique structurante</td>
</tr>
<tr>
<td>La dynamique de la situation (une proposition sur quatre à retenir en fonction de l'« habit ») :<br>○ Résultats rapidement visibles ⚏<br>○ Beaucoup d'effets, de mouvement ⚎<br>○ Efforts qui porteront des fruits différés ⚍<br>○ Peu de mouvement, patience… ⚌</td>
</tr>
</table>

# BIBLIOGRAPHIE


Deleuze G., Guattari F., *Mille plateaux,* Éditions de Minuit, 1998

Deleuze G., Parnet, C., *Dialogues,* Flammarion, 2008

Grof S., *Psychologie transpersonnelle,* Éditions du Rocher, 1990

Herrenschmidt C., *Les trois écritures : Langue, nombre, code,* Gallimard, 2007

Humbert É. G., « Kaïros : le moment, différents vécus temporels de l'expérience du centre », *Cahiers de psychologie jungienne,* 18, 1978

Javary C., *Le Discours de la tortue : découvrir la pensée chinoise au fil du Yi Jing,* Albin Michel, 2003

Jung C. G., Commentaire sur *« Le Mystère de la fleur d'or »,* Albin Michel, 1994

Jung C. G., Ma vie : *Souvenirs, rêves et pensées,* Gallimard, 1961

Les cinq classiques : *Livre des histoires, Classique des rites, Classique des odes, Classique des changements, Annales du royaume de Lu*

Lao Tzeu, *La voie et sa vertu : Tao-tê-king,* Seuil, 2004

Morin E., *La Méthode, t 1, La Nature de la nature,* Seuil, 1977

Neuquelman-Denis F., « Fortunes du kairós », *Cahiers jungiens de psychanalyse,* 146, 2017, p. 139-157

Sheldrake R. (1988), *La Mémoire de l'Univers,* traduit de l'anglais par Paul Couturiau, Éditions du Rocher, 1988

Strøm H., *Significations des noms des 64 hexagrammes du Yi Jing,* Éditions You Feng, 2011

Vézina J.-F., *Les Hasards nécessaires,* Pocket, 2011

Wilhelm R., *Yi King : Le Livre des transformations,* traduit de l'allemand par Étienne Perrot, Librairie de Médicis, 1973

Imprimé en Chine par
Toppan Leefung Printing Limited
en 2024